KB269882

남자답게 나이 드는 법

불멸의 고전 『오디세이아』에서 찾은

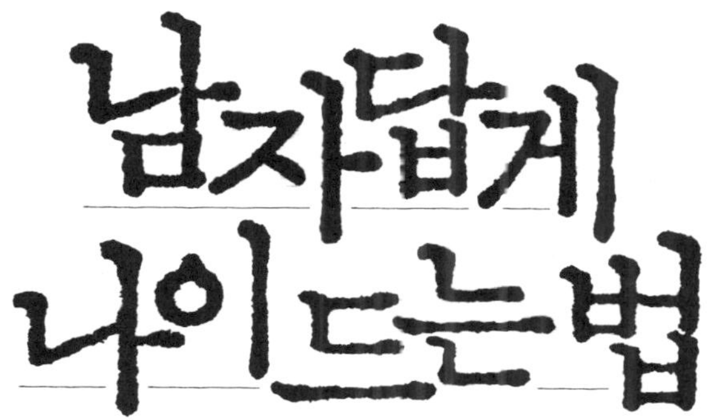

존 C. 로빈슨 지음 · 김정민 옮김

아날로그

잘 늙어야 진짜 성공한 삶이다

—**김정운**(문화심리학자, 여러가지문제연구소장)

"또 하루 멀어져 간다"며 비통해하는 김광석의 노래 〈서른 즈음에〉를 듣다 보면, 나이 든다는 것이 너무나 가슴 아프게 느껴진다. 김광석은 고작 '서른 즈음에' 늙어 가는 것을 그리도 슬퍼했다. 그래서 그렇게 일찍 세상을 떠났나, 하는 생각이 들기도 한다.

다들 등산 다닌다. 나보다 앞서 늙어 가고 있는 사내들의 삶을 보니 그렇다는 이야기다. 카톡 대문에 죄다 등산 사진이 올라와 있다. 처음에는 부인과 함께 다니기도 하고 친구들과 함께 다니기도 하더니 어느 순간부터는 혼자 다닌다. 뭔가 자꾸 부딪히는 모양이다. 어쩌다 만나 이야기를 나눠 보면 온통 못마땅한 것 투성이다. 특히 정치이야기가 나오면 분노를 참지 못한다. 그러나 정말로 정치에 분노하는 것이 아님을 나는 안다. 어느 곳에서도 자신의 존재를 확인할수 없기 때문이다. 그래서 슬픈 것이다. 이렇게 시간이 조금 더 지나면 그들에게는 단 한 가지의 호칭만 남는다. '성질 고약한 노인네!'

물론 착하게 늙어 가는 사람도 많다. 그러나 이들은 너무 착해서 측은하기까지 하다. 현역에 있을 때는 그토록 정력적이던 사람이 어떻게 이렇게 무너질 수 있나 싶다. 화려했던 젊은 시절이 도대체 있기는 있었나 싶을 정도다. 차라리 '성질 고약한 노인네' 쪽이 덜 불편하다. 나도 저렇게 초라하게 늙어 가겠구나, 하는 생각 때문이다.

박범신의 소설 『은교』를 보면, "너희 젊음이 너희 노력으로 얻은 상이 아니듯이, 내 늙음도 내 잘못으로 받은 벌이 아니다"라는 구절이 나온다. 누구나 늙는다는 이야기다. 그러나 아무도 늙어 가는 것에 대해 이야기하지 않는다. 그저 영원히 젊게 살 것처럼 이야기한다. 그렇게 아무 생각 없이 늙다 보니 어느 순간 죄다 '성질 고약한 노인네', 아니면 '측은한 노인네'가 되어 있는 것이다. 20년, 30년의 세월을 준비해야만 직장을 갖고, 결혼을 하고, 자녀를 키울 수 있는 것처럼 늙는 것 또한 치밀하게 준비해야 한다는 이야기다.

심리학자인 존 C. 로빈슨의 『남자답게 나이 드는 법』은 '잘 늙는 것'에 관한 책이다. 저자는 자신이 은퇴하고, 늙어 가며 겪는 것을 오디세우스의 이야기에 빗대어 다양하게 설명한다. 읽다 보면 한숨도 나오고 슬그머니 미소도 짓게 된다. 이 책의 주인공 오디세우스나 저자 로빈슨이나 나 자신이나, 다들 늙는 것이 참으로 힘든 사내들이구나 하는 생각 때문이다.

호메로스의 『일리아스』가 오디세우스가 참전한 트로이 전쟁을 다뤘다면, 그의 또 다른 작품 『오디세이아』는 오디세우스가 전쟁을 끝내고 고향으로 돌아가는 여정을 다루고 있다. 흥미로운 것은 트로이 전쟁이 십 년 넘게 걸린 것처럼, 집으로 돌아가는 오디세우스의 여정도 십 년 넘게 걸렸다는 사실이다. 저자 로빈슨은 바로 이점에 주목하며 이야기를 시작한다. 영웅적이고 성공적인 젊은 날의 시간만큼이나 늙어 가는 시간도 길다는 이야기다. 오디세우스가 고향으로 돌아가는 길에서 겪는 수많은 사건들만큼이나 늙어 가는 것도 그리 만만치 않음을 그는 강조한다.

오디세우스가 어떻게 그 수많은 역경을 견뎌 내며 고향으로 돌아가 사랑하는 아내를 다시 만나게 되는가를 오늘날의 삶에 빗대어 설명하는 저자의 서술방식이 참으로 흥미롭다. 아주 낮은 음성으로 기분 좋게 말을 걸어오는 그의 이야기를 듣다 보면 아름답고 품위 있게 늙는 것이 영웅적인 젊은 날의 삶보다 더욱 중요함을 새삼 깨닫게 된다. 잘 늙어야 진짜 성공한 삶이기 때문이다.

진정한 남자의 길에 들어서는
중년 남자들의 이야기, 『오디세이아』

허위허위 60대를 지나오면서 나는 엄청난 심리적, 정신적, 육체적인 변화를 겪었다. 나이를 먹는다는 것은 지극히 자연스러운 삶의 과정이자 변화다. 또 한편으로는 새로운 세계, 확장된 의식으로 넘어가는 험난한 여정이기도 하다. 청소년기에 사물과 세계를 보는 시각을 갖추기 위해 노력해야 하는 것처럼 중년 혹은 노년으로 접어드는, 인생이라는 여정의 또 하나의 커다란 '굽이'에서 우리는 새로운 삶을 발견할 것을 요구받는다.

사람들은 흔히 중년에서 노년 사이의 시기를 '서드 에이지(Third Age)'라고 부른다. 이 시기에 나는 새로운 삶의 안내자를 찾기 위해 꾸준히 노력했다. 그리고 그 과정에서 뜻밖에도 아득한 세월의 뒤안길로 거슬러 올라가 신화 『오디세이아』를 만났고 그토록 갈망하던 그 안내자를 찾았다.

⚜

『오디세이아』는 트로이 전쟁의 영웅 오디세우스가 전쟁이 끝난 뒤 고향으로 돌아가는 길에 겪은 모험 이야기다. 생사를 건 모험을 통해 오디세우스는 약육강식이 지배하는 사회의 영웅에서 인생의 참 의미를 깨우친 '어른'으로 변신한다.

심리학적 관점에서 분석해 보면 『오디세이아』는 우리 시대 평범한 중년 남자들의 인생 이야기다. 나이듦의 길목에서 '다시 어떻게 살 것인가' 고민하며 새로운 삶을 고색하는 남자의 상징이다. 너무 늦기 전에 자신을 이해하고 참된 삶을 살라고 촉구하는 집단 무의식이 주는 선물이다.

『오디세이아』를 읽으며 처음에 나는 오디세우스가 그랬던 것처럼 어느 길로 가야 할지 몰라 혼란스러웠다. 때로는 포세이돈에 대한 공포에 휩싸여 전율했고, 때로는 외로움과 상실감에 빠져 지냈으며, 곧 죽을지도 모른다는 생각에 죽은 자들의 나라 하데스를 상상하다가 죽음에 대한 두려움에 떨기도 했다.

『오디세이아』에 등장하는 이런 이미지들은 나이를 먹는 과정에서 건너게 되는 복잡하고도 강렬한 감정의 강이다. 그러므로 오디세우스라는 인물을 통해 화려했던 젊은 시절을 돌아보고 앞으로 다가올 삶을 그리다 보면, 이 이야기가 끝날 무렵 오디세우스가 바로 우리 자신이라는 사실을 발견할 것이다.

나를 비롯한 많은 심리학자들은 신화가 인간의 의식을 상징적으로 표현한 것이라고 생각한다. 다시 말해 신화는 인간이 스스로를 이해하기 위해 만든 상징적인 이야기인 셈이다. 따라서 신화에 담긴 상징을 이해한다는 것은 인간을 이해한다는 것과 동일한 의미를 갖는다. 이러한 관점을 시종일관 유지하며 나는 『오디세이아』를 분석하고 해석하려고 노력했다. 그 과정은 고고학자들이 유물과 유적을 통해 당시 사람들의 삶의 방식과 생각의 방식을 유추하고 검증하는 것과도 흡사했다.

나는 이 책에서 꿈 분석 기법을 사용하여 신화를 해석했다. 신화학자와 심리학자들에게 꿈과 신화는 뇌의 무의식적인 휴식에서 나오는 것으로 간주된다. 또한 꿈은 거별화된 신화로, 신화는 집단적인 꿈으로 이해한다. 그렇기 때문에 심리학자와 신화학자들의 글에는 공통적으로 비유와 상징적인 표현이 매우 많다. 그 비유와 상징을 풀어 나가는 과정을 통해 우리는 오래 전 이야기『오디세이아』가 우리 자신의 이야기로 바뀌는 것을 경험하게 될 것이다.

나는 이 책을 읽는 독자들이『오디세이아』이야기를 통해 자신의 삶을 찾아보라고 적극 권하고 싶다. 고향으로 돌아가는 오디세우스의 발자국을 하나도 놓치지 말고 그의 여정에서 자신의 삶을 찾아보고 그의 모험들이 현실의 삶에서 무엇을 드러내는지 살펴보기 바란다. 그럼으로써 독자들은 아마도 자신과 삶에 대한 예기치 못했던 통찰력을 발견하게 될 것이다. 그리고 종국에는 '중년에서 노년으로 접어드는 남자들이 진정 원하는 것이 무엇인가?'라는 질문에 대한 답을 찾을 수 있을 것이다.

_존 C. 로빈슨

| 헌시 |

이타카

이타카를 향해 길을 나설 때
기도하라, 그 길이 모험과 배움으로 가득한
오랜 여정이 되기를
라이스트리곤과 키클롭스
포세이돈의 진노를 두려워 마라

그대의 생각이 고결하고
육신과 정신에 숭엄한 감동이 깃들면
그들은 그대의 길을 가로막지 못하리니
그대가 그들을 영혼에 들이지 않고
그대의 영혼이 그들을 앞세우지 않으면
라이스트리곤과 키클롭스와 사나운 포세이돈
그 무엇과도 마주치지 않으리

기도하라, 그대의 길이 오랜 여정이 되기를
크나큰 즐거움과 크나큰 기쁨을 안고
미지의 항구로 들어설 때까지
그대는 무수한 여름날의 아침을 맞이하리니
페니키아 시장에서 잠시 길을 멈춰
어여쁜 물건들을 사라
자개와 산호와 호박과 흑단

온갖 관능적인 향수들을

그리고 이집트의 여러 도시들을 찾아가

현자들에게 배우고 또 배우라

언제나 이타카를 마음에 품어라

그곳에 도달하는 것이 그대의 운명이니

결코 서두르지는 마라

몇 년 더 걸릴지언정

지긋하게 나이가 들어 그 섬에 이르는 것이 더 나으니

길 위에서 그대는 이미 풍요로워 졌으니

이타카가 그대를 풍요롭게 해주길 기대하지 마라

이타카는 그대에게 아름다운 여행을 선사했고

이타카가 없었다면 여정은 시작되지도 않았으니

이제 이타카는 그대에게 줄 것이 하나도 없구나

설령 그 땅이 불모지라 해도

이타카는 그대를 속이지 않았고

그대는 길 위에서 현자가 되었으니

마침내 이타카의 가르침을 이해하리라

_콘스탄티노스 카바피(1863~1933), 그리스 시인

목차

추천사　　잘 늙어야 진짜 성공한 삶이다　　　　　　　　　　　　4

프롤로그　진정한 남자의 길에 들어서는 중년 남자들의 이야기, 『오디세이아』　8

헌서　　　이타카　　　　　　　　　　　　　　　　　　　　　12

1장　나이듦의 길목에서 만난 『오디세이아』

『오디세이아』에서 답을 구하다 —————————— 22

혼란의 시기 나를 구해 준 오디세우스

베이비 붐 세대의 딜레마

삶에 대한 본질적인 접근 —————————————— 30

나는 누구이며, 어디로 가고 있는가?

21세기의 오디세우스들에게

2장　우린 너무 일만 하며 살아왔다

삶이라는 전쟁터 ———————————————————— 38

전쟁의 상처들

쾌적한 안식처 찾기, 혹은 나이 든다는 것

전쟁 영웅들은 전쟁이 끝난 뒤 어떻게 되었을까? —————— 45

잠시 멈춰 서서 '내면의 부름'에 응답하라

남자, 집을 그리워하다

살아가고 있거나 혹은 죽어가고 있거나

3장 남자가 넘어야 할 삶의 언덕

익숙한 것과 결별하기 ——————————— 56

갈림길에서 방황하는 남자들

남자들은 왜 '전쟁터'를 떠나지 못할까?

남자가 스스로에게 물어야 할 한 가지

고단한 현실과 정면으로 마주하기 ——————— 63

자아를 찾지 않으려는 절망적인 몸부림

내면 들여다보기 ———————————————— 67

영웅 안에 살아가는 두 살배기 어린아이

내면의 키클롭스와 씨름하는 남자들

내 안의 키클롭스 발견하기

감정 돌보기 ——————————————————— 79

극단적 자만은 자기부정과 다르지 않다

내면의 '가죽 부대'를 열고 감정과 대면하기

나이가 들면 다른 감정들도 돌봐야 한다

자신의 실패를 잘 대하는 법 ——— 86
내면을 정찰하고 탐험하며 자신에 대해 배우기
자아 성숙을 방해하는 자기학대를 경계할 것

4장 남자답게 나이 든다는 것

내 안의 아니마, 여성성 발견하기 ——— 94
진정한 남자가 되려면 여성성을 갖춰야 한다
여성성을 통해 성숙해지는 남자들
오디세우스, 자신 안에 내재한 여성성을 발견하다
여성성을 받아들이는 법 배우기

죽음에 대한 진지한 접근 ——— 108
세상에서 가장 불편한 진실, 죽음
인생에 대한 뜻깊은 검토와 반성

판타지 내려놓기 ——— 118
'불멸'에 대한 환상에서 벗어나기

내면의 '스킬라'와 '카립디스' 죽이기 ——— 123
충동적이고 즉각적인 남성적 반응을 조절하는 방법

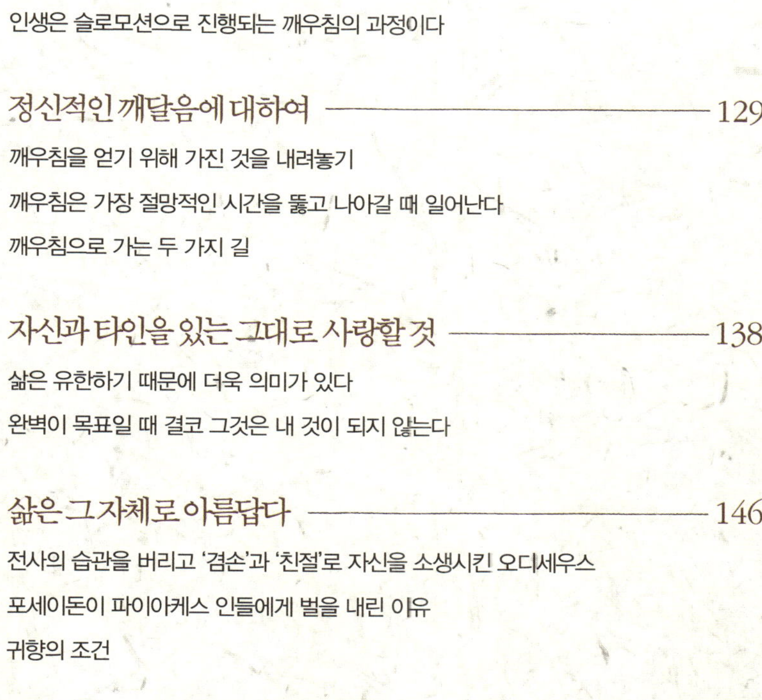

인생은 슬로모션으로 진행되는 깨우침의 과정이다

정신적인 깨달음에 대하여 — 129
깨우침을 얻기 위해 가진 것을 내려놓기
깨우침은 가장 절망적인 시간을 뚫고 나아갈 때 일어난다
깨우침으로 가는 두 가지 길

자신과 타인을 있는 그대로 사랑할 것 — 138
삶은 유한하기 때문에 더욱 의미가 있다
완벽이 목표일 때 결코 그것은 내 것이 되지 않는다

삶은 그 자체로 아름답다 — 146
전사의 습관을 버리고 '겸손'과 '친절'로 자신을 소생시킨 오디세우스
포세이돈이 파이아케스 인들에게 벌을 내린 이유
귀향의 조건

5장 나이듦에 대한 사색

가족의 진정한 의미 — 160
아버지 그리고 남편의 '빈자리'를 확인하다
집으로 돌아온다는 것은 한 방의 덩크슛과 다르다
과거의 나로 살 것인가, 새로운 나로 살 것인가
심리적인 '귀가'에도 노력과 준비가 필요하다

깊은 곳에 남아 있는 남자의 욕망을 점검하다 —————— 175

삶의 진정한 가치를 위해 싸우는 전사

욕망에서 벗어나야 할 시간

가족에 대한 예의 ———————————— 186

이별은 모두에게 상처를 남긴다

관계란 개인적 성장을 위해 끊임없이 노력하는 과정

가족과 나눠야 할 삶의 이야기들

상실감을 통해 성숙해지는 시간, 노년 ————— 194

노년의 삶에서 중요한 것

모든 상실에는 '선물'이 숨어 있다

다시 생각해 보는 삶의 우선순위 ————— 199

세상은 경쟁 논리로만 움직이지 않는다

나에게 걸맞는 새로운 역할 찾기

내면으로의 여행을 통해 새로운 길 발견하기 ————— 204

바다의 신 포세이돈과 극적으로 화해한 오디세우스

진정한 자아를 찾아가는 과정, 개성화

6장 영혼을 달래는 시간

무엇이 우리를 앞으로 나아가게 하는가? —————— 214
성숙한 삶으로의 안내자, 열정
우리를 가장 우리답게 하는 것

물이 배를 움직이게 하듯 열정이 삶을 움직이게 하라 ——— 219
열정의 단서 찾기
삶의 '핫'한 목록 만들기
열정의 길에서 만난 작은 기쁨들

살아간다는 것은 계속해서 생각하는 것 —————— 226
열정이 있는 삶의 풍경
지금 당장 시작해야 할 것들
노년의 문턱에서 만나는 12가지 깨달음

영혼을 달래는 시간 —————————— 232
『오디세이아』가 준 4가지 선물
나이듦을 기꺼이 받아들이기

『오디세이아』 사전   236

1장

나이듦의 길목에서 만난 『오디세이아』

내가 이 멋진 여행을 하는 목적은 나 자신을 현혹시키기 위함이 아니라
내가 보는 사물들에서 스스로를 발견하기 위함이다.

— 괴테의 『이탈리아 기행』 중에서

『오디세이아』에서
답을 구하다

오랜 옛날 말이 문자로 기록되고 인쇄되기 이전에는 신화와 동화, 우화들이 사람들의 입을 통해 전해졌다. 이런 이야기들은 그 시대를 살아가는 사람들의 감정과 경험, 직관 등을 모아 각색하였기 때문에 재미있는 이야기 속에 삶의 본질적인 문제와 주제를 담고 있다. 그래서 사람들은 신화와 동화, 우화를 듣고 읽으면서 자연스럽게 자신의 삶을 돌아보게 되었다.

우리가 이야기할 『오디세이아』도 마찬가지다. 『오디세이아』의 주인공 오디세우스는 기지와 용기, 언변을 두루 갖춘 인물로 트로이 전쟁에서 거대한 목마를 활용해 10년 넘게 지속돼 온 전쟁에 종지부를 찍고 그리스를 승리로 이끈 영웅이다.

그가 전쟁을 마치고 집으로 돌아오는 과정을 그린 『오디세이아』는 다양한 각도에서 해석될 수 있다. 신화, 심리학, 철학, 역사, 문학, 드라마, 혹

남자답게 나이 드는 법

트로이의 목마
지안 도메니코 티에폴로 | 1760년경 | 런던 내셔널 갤러리

은 단순히 재미있는 이야깃거리 등 어떤 관점으로 읽느냐에 따라 느끼는 바도 다르다. 나의 경우, 심리학적인 관점에서 이 이야기가 남자의 후반 인생을 상징한다는 점에 가장 마음이 끌렸다.

앞으로 자세히 살펴보겠지만 『오디세이아』는 우리 시대 평범한 남자들의 인생 이야기다. 특히 나이듦의 길목에서 새로운 삶을 모색하는 남자의 상징이다. 그러므로 우리는 오디세우스라는 인물을 통해 화려했던 젊은 시절을 돌아보고 앞으로 다가올 노년의 삶을 그려 보게 된다. 이 이야기는 수천 년 동안의 역사와 경험을 담고 있다. 따라서 등장인물들의 성격과 그들의 고뇌에 찬 선택, 수많은 갈등과 복합적인 감정이 우리에게 소중한 것을 일깨워 준다.

혼란의 시기 나를 구해 준 오디세우스

—

나를 비롯한 대부분의 남자들은 사춘기를 전후해서부터 진정한 남자가 되기 위해 혹은 진정한 남자로 인정받기 위해 부단히 노력해 왔다. 자의건 타의건 남자로서 세상을 살아가기 위해 반드시 필요한 일이었기 때문이다. 남자로 인정받기 위해 내키지 않는 일을 해야만 했던 경험도 아마 갖고 있을 것이다. 지금 생각하면 부끄럽겠지만 그 또한 남자들에게는 성숙의 과정이라고 생각한다.

그러나 어느 순간 '남자답게'라는 말이 버거워지는 순간을 경험하게 된다. 갑옷을 입고 전사로 살아가는 삶이 피곤하다고 느끼는 순간이기도 하다. 나의 경우 예상보다 이른 은퇴를 맞이한 뒤 급격한 피로감에 시달려야 했다. 그때 나는 전시 상황에 익숙한 전사에게 맞서 싸울 적이 사라진 세상은 평화가 아니라 두려움 그 자체라는 놀라운 사실을 알게 되었다.

전적으로 새로운 삶을 살아가기 위해 나는 새로운 목표를 찾아 헤맸다. 새로운 학위를 따기 위해 공부를 시작했고, 자원봉사에도 적극적으로 참여하면서 아내와 친구들에게 나의 건재함을 알렸다. 한동안 나조차 내가 얼마나 힘들어하는지 알지 못했다. 그럴수록 나는 점점 더 지쳐 갔고 상처 받았다. 그러던 중 만나게 된 책이 바로 『오디세이아』다.

고등학교 시절 『일리아스』와 『오디세이아』를 처음 접했을 때 오디세우스는 나에게 트로이 전쟁의 영웅이었다. 마치 영원히 늙지도 죽지도 않을 것 같아 보이는 '강한' 남자였다. 그런데 다시 어떻게 살 것인가를 고민하는 시기에 만난 그는 전혀 다른 모습이었다. 그는 전사의 갑옷을 벗어 던지고 전쟁터를 떠나 가족의 품으로 돌아가기 위해 필사적으로 노력하는 나이 지긋한 남자였다. 그래서인지 그의 귀환의 여정은 나의 고민과 매우 닮아 있었다.

『오디세이아』를 읽으며 나는 처음으로 '과연 남자답게 늙어 간다는 것은 무엇일까?'라는 질문을 머릿속에 떠올려 보았다. 그동안 나는, 아니 우리 남자들은 남자답게 사는 법에 대해서는 많은 이야기를 들어 잘 알고 있었다. 그러나 유감스럽게도 남자답게 나이 드는 것에 대해서는 거의 아무런 정보가 없었다. 그 누구도 우리에게 남자답게 나이 드는 법에 대해 말해 주지 않았기 때문이다.

베이비 붐 세대의 딜레마

—

『오디세이아』가 나이듦의 길목에 서 있는 남자들의 고민 해결의 실마리가 될 수 있다고 생각한 뒤 나는 여러 해에 걸쳐 이 책을 탐독했다. 그리고 나와 비슷한 고민을 하고 있는 이들을 만나 많은 이야기를 나눴다. 그들은 40대 중반부터 70대까지 연령대가 다양했는데, 각자 현업에 종사하며 제2의 인생을 준비하거나 은퇴 후의 인생 2막을 열정적으로 준비하는 남자들이었다. 그들 중 상당수는 자신의 분야에서 이미 큰 성공을 거둔 사람들이었다. 이야기를 나누면서 나를 비롯하여 제2차 세계대전 이후에 태어난 베이비 붐 세대들은 전례 없는 장수의 시대를 맞아 '새로운 노화'를 경험하고 있다는 사실을 알 수 있었다. 더구나 전 세계적으로 은퇴 연령이 빨라져서 일터에서 보낸 기간과 거의 맞먹을 정도의 긴 시간이 우리를 기다리고 있었다.

나이와 하는 일은 다르지만 우리의 고민은 비슷했다.

첫째, 우리는 성과 지향주의 문화와 경쟁 중심의 업무, 반복되는 고된 일상에 지쳐 있었다. 그런 상황에서 발전은커녕 자신이 누구인지, 무엇을 위해 일하고 있는지조차 망각하기 십상이었다. 그래서인지 우리는 저마다 원하는 바도 비슷했다. 무엇보다 우리는 자기 자신을 위한 시간을 필요로 했고 가족과 함께하는 단란한 시간을 절실히 원했다. 그리고 궁극적으로는 피로에 지친 전사의 낡은 갑옷을 벗어 던지고 새롭고 활기찬 삶을 살고 싶어 했다. 그러나 아무도 그 방법을 알지 못해 답답해했다.

둘째, 은퇴에 대한 염려가 매우 컸다. 여간해서 표현은 하지 않지만 은퇴를 눈앞에 둔 많은 남자들은 무척이나 불안해하고 초조해하는 것 같았다. 실제로 은퇴를 앞둔 사람이 그 불안감을 겪지 않으려고 서둘러 취미활동을 시작하거나 아르바이트, 자원봉사 같은 일에 뛰어드는 사례도 적지 않았다. 물론 개중에는 '은퇴를 생각하기에 나는 아직 젊어!'라며 현실을 부정하는 이도 있었고, '나는 다른 사람들과 달리 은퇴 후의 삶에 완벽하게 적응할 수 있어'라고 겉으로는 자신만만한 체하며 어떻게든 불안감을 막아 보려 애쓰는 사람도 있었다.

셋째, 나이를 먹어 가며 자신이 점점 무가치해지고 있다는 생각에 고통스러워했다. 특히 은퇴를 하고 나서 업무상의 지위와 사회적 권위를 상실한 뒤 자존감에 상처를 입고 자부심을 잃은 나머지 '난 과연 세상에 쓸모 있는 존재일까?'라는 질문에서 헤어나지 못하는 이도 적지 않았다. 이들에게 최근 들어 가장 자주 느끼는 감정이 무엇이냐고 물어보면 '고독감'이라고 답하는 경우가 많았다. 자녀들은 모두 어느덧 어른이 되어 삶을 잘 꾸려 나가고 있고 아내 역시 인생을 즐기는 것처럼 보이는데, 자기 자신만 주위 사람들에게 시나브로 잊히며 점점 더 하찮은 존재가 되어 가는 것 같다고 했다.

넷째, 육체적 쇠락에 대한 염려도 컸다. 초반에는 많은 남자들이 자신이 경험하게 되는 육체적 변화가 창피하고 당황스러웠다고 고백했다. 그러나 대부분이 관절염, 허리나 무릎 통증을 비롯하여 근육의 감소로 인한 육체적 한계에 대해 공감했다. 한 남자는 집에 강도가 들었을 때 용감하게 맞서 싸우지 못했던 일을 이야기했고, 또 다른 남자는 자신의 평소 취미가 낡은 자동차 고치기인데 더 이상 몸이 잘 따라주지 않는다며 고민을 털어놓았다. 감각 기능이 무뎌지는 일, 특히 시력과 청력의 상실은 이와 같은 육체적 쇠락의 느낌을 더욱 부채질했고, 남자들은 이런 쇠락에 가속도가 붙을 것이라는 사실을 두려워했다.

다섯째, 함께 이야기를 나눌 때 유난히 불편해하는 주제가 재정적 염려였다. 예전처럼 안정적인 수입을 올리기 어렵다는 사실은 불안감을 가중시키기에 충분한 변화임을 인정하지 않을 수 없다. 지금 당장 경제적으로 여유롭다고 하더라도 장기적으로 필요한 것들을 해결할 수 있을 만큼, 특히 건강이 극도로 나빠진 상황을 버텨 낼 수 있을 만큼 충분한 자금을 확보해 둔 것은 아니기 때문이다. 자본주의 사회에서 흔히 돈은 자존심과 독립성, 장기적인 안정을 상징한다.

따라서 돈이 없다는 것은 그 자체로 사기가 꺾이는 일이다. 경제적으로 가족 중 누군가에게 의존하고 싶은 사람이 얼마나 되겠는가.

물론 이런 갖가지 고난에도 불구하고 나이듦에 대해 긍정정인 느낌을 표현하는 경우도 많았다. 이런 이들은 직장, 사회적 기대, 개인적인 책임들을 벗어난 지금의 자유를 귀하게 여겼다. 또 한편으로는 나이를 먹어 가면서 영적으로 깊어지는 것에 만족해하는 이도 있었다. 건강이 나빠지고 다양한 상실을 경험하면서 '나는 잘 살아왔다고 할 수 있을까?' '사람이 죽으면 어디로 가는 걸까?' '천국과 지옥은 어떤 모습일까?'와 같은 질문이 고개를 들기 시작한 것이다.

삶에 대한
본질적인 접근

잘 알려진 바대로 『오디세이아』는 '오디세우스의 노래'라는 뜻이다. 고대 그리스의 대시인 호메로스가 기원전 8세기 무렵, 그러니까 지금으로부터 무려 2,500년 전에 기록한 것으로 알려져 있다. 총 1만 2,110행에 이르는 장편 서사시로 전체 24장으로 구성돼 있다.

호메로스의 다른 작품 『일리아스』가 트로이 전쟁이라는 역사적 사실을 작품의 배경으로 하는 데 반해 『오디세이아』는 전쟁을 끝내고 집으로 돌아가는 여정을 서술한다. 『일리아스』에 등장하는 오디세우스는 전쟁을 승리로 이끈 영웅의 모습이다. 하지만 『오디세이아』의 주인공 오디세우스는 그야말로 실수투성이 인간이다. 그 여정에는 그리스의 여러 신들과 괴물까지 등장해 오디세우스가 집으로 돌아가는 길을 막고 훼방한다. 온갖 유혹과 시련 속에서도 그는 마치 집으로 돌아가기 위해 태어난 사람처럼 여행을 계속한다. 『오디세이아』는 『일리아스』에서 영웅심에 불타 전쟁

아테네에서 활놀이를 하는 오디세우스
프란체스코 프리마티초 | 16세기경 | 퐁텐블로 성 프레스코화

터를 누비는 남성들이 기나긴 여정 끝에 나이듦의 지혜를 터득하고 고향으로 돌아오는 삶의 여정을 드라마틱하게 묘사한다. 이 과정은 남자들이 반드시 넘어야 할 장벽이자 변신을 향한 몸부림이다. 또한 남자들이 전쟁에 바탕을 둔 가치 체계에서 영성을 깨우치는 의식으로 서서히 이행해 가는 과정이기도 하다. 약육강식이 지배하는 동물의 세계에서 인생의 참 의미를 깨우친 '어른'으로의 변신을 묘사한 『오디세이아』는 우리에게 너무 늦기 전에 자신을 이해하고 세상을 구하라고 촉구하는 집단 무의식이 주는 선물이다.

나는 누구이며, 어디로 가고 있는가?

—

'케케묵은 옛 신화가 남자의 노화와 어떤 관계가 있을까?'

이 글을 읽으며 이런 생각을 한 이들이 있을 것이다. 충분히 이해가 가는 이의 제기다. 사실 그는 무려 2,500년 전에 살았던 신화 속 인물일 뿐이다. 그는 우리에게 새로운 직업을 소개시켜 줄 수도 없을뿐더러 노후 자금 설계에 대한 조언도 해줄 수 없다. 그럼에도 불구하고 그가 나의 멘토가 될 수 있었던 데에는 삶에 대한 보다 본질적인 접근이 필요하다.

전쟁을 마치고 고향으로 돌아갈 무렵 오디세우스는 45세에서 50세 사이 정도 되었을 것으로 추측된다. 그가 그토록 돌아가려고 노력하는 고향 이타카에는 그의 가족이 기다리고 있다. 그러나 그가 돌아가고자 하는 것은 비단 따뜻한 가족의 품만이 아니다. 그가 그토록 돌아가고자 한 이타카는 내면이다. 다시 말해 자아다. 그러므로 그는 여정을 통해 우리에게 묻는다.

"당신은 누구인가? 당신은 지금 어디를 향해 가고 있는가?"

괴테가 "내가 이 멋진 여행을 하는 목적은 나 자신을 현혹시키기 위함이 아니라 내가 보는 사물들에서 나 자신을 발견하기 위함이다"라고 말한 것처럼 오디세우스도 집으로 돌아오는 여정을 통해 자기 자신을 발견하게 된다. 그로 인해 『오디세이아』는 우리의 삶과 존재 방식, 참된 자아를 발견하고자 애쓰는 이들에게 통찰력을 제공한다. 바로 이런 의미가 있기에 단테, 셰익스피어, 괴테 같은 대문호들이 『오디세이아』를 토대로 작품을 썼으며, 오디세우스는 수천 년이 지난 지금까지도 언제나 우리 곁에 머물며 힘들고 고단한 여행, 인생의 고난을 비유하는 상징이자 대명사가 된 것이다.

21세기의 오디세우스들에게

—

그리스 스토아학파는 오디세우스를 자신들이 생각한 덕의 사상에 따라 살아가는 현자의 상징으로 해석했다. 수많은 고난과 역경에도 불구하고 오디세우스는 스토아학파가 현자의 특징이라고 규정

오디세우스가 있는 항구 풍경

클로드 로랭 | 1646년 | 루브르 미술관

하는 항상심과 평정을 잃지 않았다.

앞에서 말한 대로 베이비 붐 세대들은 유례없이 긴 수명으로 엄청나게 다양한 기회가 주어졌다. 그렇기 때문에 우리의 귀환은 그 어느 때보다 중요한 문제가 되었다. 다시 어떻게 살 것인지 고민하는 중년 남자들은 21세기의 오디세우스들이다. 그러므로 전쟁 영웅 오디세우스가 집으로 돌아가는 모험을 함께하며 이 이야기를 자신의 버전으로 더 깊이 드러내 보기 바란다. 그 과정을 통해 우리는 나이듦과 더불어 인생의 의미와 가치를 깊이 이해하게 될 것이다. 또한 우리는 자신을, 그리고 자신의 삶을 좀 더 명확히 이해하게 될 것이다.

2장

우린 너무 일만 하며 살아 왔다

한 인디언이 딸과 함께 말을 타고 드넓은 평원을 달리고 있었다.
조금 달리다가 쉬고, 조금 달리다가 쉬기를 반복하자
딸이 그 이유를 물었다.
아버지가 대답했다.
"그건 말이지. 우리 영혼이 우리에게서 멀어지지 않도록 기다리는 거란다.
영혼은 사람이 아무 생각 없이 몸을 바쁘게 움직이면
머물 곳을 몰라 허공을 떠돌다가,
잠시 몸을 쉴 때 다시 마음으로 돌아와 제자리를 찾는단다."

– 인디언의 지혜

삶이라는
전쟁터

올림포스 산꼭대기에서 바다의 여신 테티스와 인간들의 영웅 펠레우스의 결혼식이 성대하게 열렸다. 모든 신들이 연회에 초대받았는데, 불화의 여신 에리스는 초대받지 못했다. 화가 난 에리스는 결혼식 당일 연회장 울타리 너머로 황금사과를 던진다.

그 사과에는 "가장 아름다운 여신에게 이 황금사과를 바친다"라는 글귀가 쓰여 있다. 잔치에 참여한 여신들은 '가장 아름다운 여신'이라는 영예를 차지하려고 사과를 향해 필사적으로 달려들고 그 와중에 한바탕 난투극이 벌어진다. 막판에는 올림포스의 여신들 중 가장 힘이 강한 아프로디테, 헤라, 아테나만이 남는다. 이들은 저마다 그 글귀가 자신을 위한 것이라고 주장하며 말다툼을 벌인다. 이것이 바로 불화의 여신 에리스가 바라던 바였다.

연회에 참석한 신들은 세 여신의 보복이 두려워 말다툼을 지켜볼 뿐

테티스의 행렬
바르톨로메오 디 지오반니 | 17세기경 | 루브르 미술관

어느 누구의 말에도 동조하지 않는다. 세 여신은 제우스에게 최후의 판결을 해달라고 요청한다. 현명하게도 제우스는 이 위태로운 일을 정중히 거절하면서, 대신 정직하다고 소문이 난 트로이의 왕자 파리스를 추천한다.

여신들은 파리스를 자기편으로 만들기 위해 제각각 달콤한 제안을 한다. 먼저, 신들의 여왕 헤라는 유럽과 아시아의 왕으로 만들어 엄청난 부와 권력을 주겠다고 파리스에게 제안한다. 다음으로, 지혜의 여신 아테나는 전투에서 절대 패배하지 않는, 지혜롭고도 강인한 사람으로 만들어 주겠다고 약속한다. 마지막으로, 사랑과 욕망의 여신 아프로디테는 절세 미인 헬레네와의 결혼을 조건으로 내건다. 파리스는 부와 권력, 전쟁에서의 승리 대신 아름다운 여인 헬레네를 선택해 아프로디테에게 승리를 안겨 준다. 그 결과 그는 헤라와 아테나의 미움을 사게 된다.

한데, 문제는 여기서 끝나지 않는다. 불행히도 헬레네는 이미 스파르타의 왕 메넬라오스와 결혼한 사이였는데, 아프로디테가 이 불편한 진실을 말하지 않았던 것이다. 이 사실을 안 파리스 역시 조금도 망설이지 않고 헬레네를 데리고 트로이로 돌아온다.

이 사건으로 메넬라오스는 트로이 원정길에 나서 전쟁이 시작된다. 『일리아스』는 10년에 걸친 트로이 공방전이 끝나 갈 무렵 약 50일동안 일어난 일을 다루고 있다. 그리스 쪽에서는 아킬레우스, 트로이 쪽에서는 헥토르가 가장 중요한 인물이며, 이야기도 이 두 사람을 중심으로 진행된다. 중심 주제는 '아킬레우스의 분노'다. 종래에 아킬레우스는 트로이의 가장 뛰어난 전사인 헥토르를 죽여 굴욕을 안겨 주고 그리스를 승리로

남자답게 나이 드는 법

파리스의 심판
페테르 파울 루벤스 | 1632~1633경 | 런던 내셔널 갤러리

이끈다. 얄궂게도, 이 전쟁을 일으킨 빌미가 되었던 파리스는 어떤 신령스러운 힘에 이끌린 화살로 아킬레우스의 발뒤꿈치를 맞혀 그의 목숨을 빼앗는다.

전쟁의 상처들

—

앞의 이야기는 『일리아스』에서 트로이 전쟁이 일어난 원인에 대해 설명한 부분이다. 트로이 전쟁은 무려 10년 동안이나 지속되었는데, 질투와 아름다움에 대한 집착과 같은 사소한 일이 발단이 되어 결국 비극적인 전쟁으로 비화되었다. 이 사소한 일이 남자들의 세계에서는 결코 사소하게 넘어갈 수 없는 민감한 문제였던 것이다. 『일리아스』의 스토리를 읽고 있으면 마치 요즘 TV 드라마를 보는 듯한 기분이 든다. 에리스의 음모, 최고의 미인이 되기 위한 암투, 전쟁, 배신, 피바다와 다름없는 대혼란 등이 드라마틱하게 펼쳐지는 것이다.

한편 『일리아스』는 단순한 전쟁 이야기가 아니다. 불멸의 고전으로 남아 있는 이 책은 21세기를 살아가는 우리들에게 전쟁 행위 훨씬 이상의 의미와 생각할 거리를 던져 준다. 즉 직장이나 학교에서, 일상의 삶에서 누구나 매일매일 겪어야 하고 이겨 내야 하는 '싸움'에 관한 이야기인 것이다. 다만, 그 무대가 실제 전쟁터에서 일상적

남자답게 나이 드는 법

인 삶의 공간으로 바뀌었을 뿐이다.

우리가 잘 알다시피 남자들은 청년에서 노년에 이르기까지 불필요해 보일 정도로 과도한 경쟁을 하면서 끝도 없는 전투를 벌인다. 친구들 사이에서 누가 더 인기가 있고 싸움을 잘하는 것으로 인정받는지, 누가 더 농구와 축구 같은 스포츠를 잘하는지, 누가 더 월급이 많은지, 승진을 빨리 하는지, 넓고 좋은 집을 장만하는지 등 삶의 모든 영역에서 경쟁이 이루어진다. 이런 식의 전쟁은 남자의 인생에 그저 스며들기만 하는 것이 아니라 그 자체를 규정하기도 한다.

쾌적한 안식처 찾기, 혹은 나이 든다는 것

—

남성 호르몬이 왕성한 젊은 시절엔 많은 남자들이 전쟁을 마치 무슨 놀이라도 되는 듯 흥미진진해하며 즐긴다. 동료와의 경쟁에서 승리하면 승리를 만끽하고 패배하면 절치부심하며 도전정신을 불태운다.

그러다 중년으로 접어들면 경쟁이 조금씩 피곤해짐과 동시에 안전하고 쾌적한 안식처를 찾는다. 스스로 기대치를 낮춰 경쟁을 피하고 경쟁보다 정서적인 유대감 속에서 위로를 얻고 싶어 한다. 더 시간이 지나면 전쟁에 점점 지쳐 평화와 자유를 그리워하는 자신을 발견한다.

신체의 변화도 실감한다. 호르몬 수치가 뚝 떨어지고, 차츰 기운이 없어지고, 감각은 무뎌지고, 몸에서는 더 이상 예전 같은 공격적인 에너지가 느껴지지 않는다. 전사로서의 야망이 점차적으로 약화되고 쇠퇴하는 가운데 남자들은 전쟁터를 벗어나 집으로 돌아가기를 갈망한다. 그야말로 밑도 끝도 없는 시련의 연속이다. 아마 이 책을 읽고 있는 이들도 이와 비슷한 경험을 하며 지금의 나이에 이르렀을 것이다.

잠시 지난 시간을 돌아보며 자신이 경험했던 전쟁들을 떠올려 보자. 가장 심한 상처를 입은 전쟁은 무엇이었나? 그 상처는 어떤 모습으로 남아 있는가?

전쟁 영웅들은 전쟁이 끝난 뒤 어떻게 되었을까?

트로이 전쟁에서 승리한 그리스 전사들은 전쟁이 끝난 뒤 어떻게 되었을까? 전쟁에서 죽음을 맞이한 아킬레우스는 끝내 고향으로 돌아가지 못한다. 스파르타의 왕 메넬라오스는 자신의 아내 헬레네를 되찾아 함께 고국에 돌아가 행복하게 여성을 보낸다.

반면 아가멤논은 군대를 이끌고 귀국하자마자 허무하게도 비참한 최후를 맞는다. 불륜을 저지른 아가멤논의 아내가 그가 돌아올 날이 가까워지자 정부와 공모해 남편을 없앨 음모를 꾸미그 실행에 옮긴 것이다. 결국 아가멤논은 그들에게 난자당해 비참한 죽음을 맞이한다.

디오메데스의 아내 역시 남편이 전쟁터에 나가 있는 동안 그를 기다리지 못하고 다른 남자와 부적절한 관계를 맺는다. 디오메네스가 고향에 돌아온 날도 그녀는 다른 남자와 정을 통한다. 사랑하는 아내의 추잡한 불륜 사실을 알게 된 디오메데스는 조용히 이탈리아로 발길을 돌린다.

아킬레우스의 묘지

토마 블랑쉐 | 17세기경 | 루브르 박물관

우리의 주인공 오디세우스는 전쟁이 끝난 뒤에도 10여 년 동안이나 집으로 돌아가지 못한 채 수많은 고초를 겪는다.

이 전쟁에서 진정한 승자는 과연 누구일까?

잠시 멈춰 서서 '내면의 부름'에 응답하라

—

우리 남자들은 30년, 40년, 심지어 50년간 날이면 날마다 '갑옷'을 챙겨 입고 잔뜩 긴장한 채 사무실, 공장, 진료실, 혹은 논밭에서 전쟁을 치렀다. 전쟁을 훌륭히 치른 뒤 종종 그날 있었던 일들에 대해 가족들과 제대로 이야기 나누지도 못할 만큼 지쳐서 귀가한다. 끝도 없이 이어지는 전쟁의 살풍경을 착실하게 꾸준히 겪어 가면서, 때로는 의기양양하게 승리감에 도취되기도 하고 때로는 실패와 절망의 구렁텅이에서 나뒹굴기도 한다. 자녀들과 보내는 시간, 여름휴가, 취미 활동과 같은 즐겁고 유익한 시간을 보내는 와중에 여정을 지속할 힘을 얻기도 하지만 이런 것들이 전쟁을 끝내지는 못한다.

이렇듯 전쟁터의 전사로 하루하루 틀에 박힌 일상을 살다 보면 아내와 점점 더 사이가 멀어지고 아버지와 자녀 간에, 자아와 영혼 간에 골이 시나브로 깊어진다. 아내는 그날 하루를 남편이 어떻게 보냈는지 묻는 일에도 지쳐 가고 아이들은 아빠가 심하게 스트레스를 받은 것처럼 보이는 날에는 절대로 귀찮게 하면 안 된다는 것을 알게 된다.

예전에는 그래도 가족들이 자신의 삶과 소망, 그리고 미래의 꿈과 비전에 대해 서로 이야기를 나누기도 했다. 그런데 10년이 지나자 바쁜 일상과 스트레스가 진정한 나눔을 방해하고, 20년이 지나자 모두들 너무도 바쁘거나 산만하거나 무감각해져 버려서 아예 서로의 일에 대해 궁금해하지도 않게 된다. 그리고 30년이 지난 뒤 자녀들은 각자 자신의 '전쟁'을 치르기 위해 멀리 떠나 버리고, 우리의 결혼생활은 무미건조하고 삭막하게만 느껴진다.

가족들과 일상적으로 안부를 묻고, 주변 사람들과의 관계에 신경을 쓰고, 각자의 꿈에 대해 마지막으로 허심탄회하게 대화를 나눈 게 과연 언제였던가? 아니, 이러한 것들에 대해 서로 진정으로 관심을 기울인 적이 있었는가? 가족들이 아버지에 대해 어떤 생각을 가지고 있는지 당신은 알고 있는가? 혹시라도 이제는 그런 질문을 던지기조차 곤란할 정도로 전혀 손을 쓸 수 없는 상태가 되어 버리지는 않았는가?

중년이 되면 남자의 마음은 '가족', '친밀감', '사랑'과 같은 단어들에 자연스럽게 끌리기 마련이다. 젊은 시절 남자의 마음을 온통 사로잡았던 '전사로서의 임무'들 대신 전쟁을 위해 오랫동안 미뤄 두었던 것들로 가득 차게 된다. 이처럼 귀향의 여정에 나서는 것은 나이 들어가는 남자의 마음에 내재한 사랑의 부름 덕분이다. 그것을 잊은 채 우리는 너무 오랫동안 온통 일에만 몰두한 채 살아 왔다.

남자, 집을 그리워하다

—

전쟁에 시나브로 지쳐 가고, 전쟁의 의미가 사라지며, 승리의 영광마저 빛을 잃어 가면서 우리는 점점 더 간절히 '고향'을 그리워하기 시작한다. 우리는 이미 오래 전에 잃어버린 그 무엇, 행복과 소망, 사랑의 감정들을 찾아 다락방에 감춰 두었던 어린 시절의 일기장을 꺼내 읽듯 일상의 경험과 추억의 책갈피를 뒤적인다. 하지만 좀처럼 자신의 삶에서 행복이나 소망, 사랑의 감정을 찾을 수가 없다.

우리는 의미와 목적이 삶에 영감을 주었던 초창기를 기억한다. 그때의 영감은 지금 어디로 갔을까? 어쩌면 우리는 갈팡질팡하고 있거나, 의미를 잃어버렸거나, 고독감을 느끼거나, 심지어는 우울감에 빠져 지낼 수도 있다. 어떤 이들에게 이 딜레마는 끝이 없는 문제처럼 느껴질 수도 있고, 어떤 이들에게는 권태와 의심과 좌절로 뒤범벅된 의식의 밑바닥에서 울려 나오는 웅성거림처럼 여겨질 수도 있다. 어쨌든 나이 들어가는 남자들에게 지위와 책임감은 쇠사슬처럼 무거운 족쇄다.

이쯤에서 지친 마음은 고향으로 향하지만 집으로 돌아가는 일이 생각처럼 쉽지 않다. 젊어서 집을 떠나 아주 오랫동안 집을 비운 남자들이 나이가 들어 집이 그리워질 무렵 과연 무사히 집으로 돌아갈 수 있을까? 가족들은 이런 우리들을 반갑게 맞이해 줄까?

나는 공식적으로 전쟁터를 떠난 두에도 몇 년 동안이나 이 질문

을 가슴에 품고 지내 왔다. 오디세우스도 용감무쌍하게 이 질문을
붙들고 몸부림쳤다. 그의 고난은 고향으로 돌아가는 과정에서 만난
경이로운 모험담에 상징적으로 나타난다. 전쟁이 끝난 뒤 고향으로
돌아가는 오디세우스와 동행하다 보면 우리는 나이 들어가는 과정
에서 만나게 되는 새로운 과제와 단계들을 이해하게 되고, 더 나아
가 우리 자신의 고향으로 돌아가는 길을 발견하게 될지도 모른다.

그러나 이 치유와 이해의 여정에는 '시간'이 필요하다. 오디세우
스의 경우 10년이 걸렸고 나 역시 10년이 소요되었다. 우리는 이와
같은 마음의 문제에 대해 참을성을 가져야만 한다. 그리고 귀향의
상징은 우리 자신의 삶의 언어를 통해 가장 잘 이해된다는 점 또한
명심해야 한다.

이 책을 읽는 동안 오디세우스가 전쟁 후에 고향으로 돌아가는
여정의 신비로운 삶으로, 그 시간대로 돌아가 보자. 이 이야기가 끝
날 무렵, 당신은 오디세우스가 바로 당신 자신이라는 사실을 발견하
게 될 것이다.

살아가고 있거나 혹은 죽어가고 있거나

—

그렇다면 이쯤에서 한번 진지하게 생각해 보자. 남자가 전쟁터에
서 집으로 돌아온다는 건 무슨 의미일까? 이는 모든 남자들이 스스

로에게 묻고 대답해야만 하는 질문이다. 가장 일반적인 대답들 가운데 하나는 이것이다. 즉, 당신은 전쟁터의 전사가 되기를 포기하고 세상과 한층 더 깊고 애정 어린 관계를 맺기를 간절히 원할 때에야 비로소 집에 돌아오게 되는 것이다.

인생이라는 여행길의 이 지점에서 우리에게 주어지는 보다 적절한 남성적 역할, 곧 연장자, 현자, 할아버지 그리고 예술가의 면모는 모두 내부에서 분출되는 사랑의 에너지에 의해 생겨난다. 당신은 아마도 나이 들어가는 육신에 자연스럽게 찾아오기 마련인 무력감을 좋아하지는 않을 것이다. 그럼에도 불구하고 이 육신은 우리에게 이제 싸움이란 위험하고 멍청하고 어리석은 짓이라고 넌지시 이야기해 준다. 우리는 전사로서의 가치에 대한 집착을 버리고 세상을 향해 마음을 활짝 열 때에야 비로소 생의 다음 단계에 놓인 지혜를 깨닫게 될 것이다.

나이 든 남자들이 그리워하는 집이나 고향은 지리적인 개념이나 부동산 가치를 지닌 재산 혹은 가장으로서의 지위만을 뜻하지 않는다. 집과 고향은 다시 연결되어야만 하는 인간들 사이의 유대관계이자 소속감을 의미한다.

내가 만난 거의 모든 남자들이 자신의 아내, 자녀, 손주, 부모, 형제·자매, 그리고 친구들과 함께하는 따뜻한 시간에 대해 이야기했다. 남자들은 이들을 격려하고 싶어 하고, 영감을 주고 싶어 하고, 자녀들과 손주들을 돕고 싶어 한다. 배우자가 행복하기를, 서로의 관계가 만족스럽기를 바란다. 대개는 살아온 시간보다 살아갈 날이 더 짧다는 것과 이제는 사랑과 친밀감이 야망이나 성취보다도 더 중요하다는 사실을 깨닫는 듯하다. 사랑이 사회적 성취의 연결고리를 끊어 버린 것이다.

이 여정의 초반부에 우리가 때때로 던지는 질문은 이것이다. 이 마지막 여정에서 개인적인 성숙의 가치는 무엇인가? 얼마 안 있어 죽을 거라면 이런 게 다 무슨 소용이란 말인가? 내가 어느 모임에서 이 질문을 던지자 한 남자가 다음과 같이 대답했다.

"계속해서 성숙하지 않는다면, 그건 죽음입니다. 여전히 숨 쉬며 걷고 있다 할지라도 말이죠."

그에 의하면 삶이란 곧 성숙이며 '성숙하지 않음'은 죽음인 것이다.

또한 이 성숙의 목표들에는 자신을 더 잘 알기, 새로운 가치와 흥미를 탐구하기, 더 깊이 사랑하는 법을 배우기, 타인을 배려하기, 기대할 만한 미래를 설계하기, 삶에서 새로운 보상들을 찾기가 포함된다고 그들은 내게 말해 주었다.

오디세우스가 곧 발견하게 되듯이 나이를 먹는다는 것은 새로운 교훈, 통찰력과 보상들, 그리고 성숙으로 채워진 일련의 경험과 실험을 의미한다. 진짜 끝날 때까지는 아직 끝난 게 아니라 끊임없이 성숙해 가는 것이다.

그러므로 더 나이 들기 전에 가족과 친구들의 소중함, 새로운 삶

의 기쁨과 가치에 눈을 뜨기 바란다. 당신은 살아가고 있거나 죽어

가고 있다. 어느 쪽을 선택하겠는가?

3장

남자가 넘어야 할
삶의 언덕

"죽으면 마귀할멈을 만나는데, 그 여자는 너의 상처를 먹는다.
상처가 없으면 너의 눈알을 먹기 때문에 너는 다음 세상에서 장님이 된다."
간단한 이야기 안에 상처의 가치를 놀랍도록 생생히 그려 놓았다.
상처가 없으면 다음 세상에서 눈이 멀 것이다. 오디세우스가 그 증거다.
수수께끼의 섬들을 이리저리 헤맬 때 그의 일행들은 모두 바위에 깔리거나
괴물에게 잡아먹히지만 오디세우스만은 '상처' 덕분에
그들이 못 보는 것을 보게 되어
매번 목숨을 건지고 위험에서 벗어난다.

— 『무쇠 한스 이야기』 중에서

익숙한 것과
결별하기

트로이 전쟁이 끝나자 오디세우스와 그의 부하들은 배를 타고 고향을 향해 출발한다. 무려 10년 만에 오르는 귀향길을 앞두고 오디세우스 일행은 조금 상기돼 있다. 특히 오디세우스는 트로이 전쟁에서 큰 공을 세운만큼 고향으로 돌아가는 발걸음이 가볍다.

바람은 이들을 그리스 남쪽 해안, 키코네스족이 사는 땅으로 인도한다. 한데, 항구에 닿자마자 오디세우스 일행은 자신들이 귀향의 여정에 있다는 사실조차 잠시 망각한 채 항구도시를 습격해 남자들을 모조리 죽이고, 여자들을 노예로 삼고, 약탈품을 거두어들인다.

오디세우스는 전리품을 부하들과 똑같이 나눈 뒤 서둘러 그곳을 떠나자고 제안한다. 하지만 승리감에 도취된 부하들은 술을 마시기 시작하고, 심지어 그중 하나가 아테나 신전에 들어가 한 여자를 성적으로 희롱하기까지 한다. 한시 바삐 떠나야 할 시점에 그들은 낯선 섬에서 나쁜 짓을 일

오디세우스의 출발

귀도치오 디 지오반니 코차렐리 | 15세기경 | 국립 르네상스 미술관

삼으며 아까운 시간을 허비하다가 결국 키코네스족이 외부에 도움을 청할 시간을 주고 만다. 곧이어 오디세우스 일행보다 수적으로도 훨씬 많고 전력도 우세한 전사들이 불시에 들이닥친다. 이내 한바탕 전투가 벌어지고 오디세우스의 부하들 중 여섯 명이 목숨을 잃는다. 그리고 나머지는 모두 죽을힘을 다해 배로 도망쳐 겨우 목숨을 건진다.

갈림길에서 방황하는 남자들

—

10년간 지속됐던 트로이 전쟁이 끝나자 오디세우스는 꿈에 그리던 귀향길에 오른다. 트로이에서 그의 고향 이타카까지의 거리는 약 565해리다. 즉 배를 타고 2주 정도면 도착할 수 있는, 그리 멀지 않은 거리다. 그런데 놀랍게도 오디세우스는 무려 10년이 지난 뒤에야 고국의 땅을 밟게 된다. 2주면 넉넉히 갈 수 있는 길을 10년 동안이나 방황한 이유가 대체 뭘까? 키코네스인들이 사는 곳에 도착해서 그들이 한 행동을 보면 대략이나마 그 이유를 짐작할 수 있다.

귀향길에 올라서도 오디세우스와 그의 부하들은 트로이 전쟁에서 저질렀던 노략질과 약탈 행위를 그대로 반복한다. 새로운 것을 하나도 배우지 못한 채 그저 하루하루 전사로서 활약하던 시절의 삶의 방식을 답습한 것이다.

물론 그 자신은 떠나야 할 때를 알고 있었던 듯 보이지만 그의 부하들은 그렇지 못했던 것 같다. 이는 남자의 자아가 전사의 삶을 청산하고 앞으로 나아갈 것인가, 아니면 계속해서 승리와 정복에 도취된 삶을 살 것인가의 사이에서 겪는 초기 갈등을 상징적으로 보여준다.

여기서 '목숨을 잃은 여섯 명의 남자들'은 무엇을 상징할까? 그들은 어리석게도 자신의 성숙을 늦춤으로 인해 모든 것을 잃게 되는 여러 가능성을 상징한다. 그렇다면 오디세우스 일행을 다시 바다로 몰아낸 '키콘족 군사들'은 무엇을 상징할까? 그들은 야만적인 전쟁터로 다시 돌아간 것에 대해 스스로에게 배신감을 느끼고 분노하는 남자의 심리를 상징한다. 오디세우스 일행의 애초 계획은 안전하게 집으로 돌아가는 것이었지 또 다른 전쟁을 일으키고 분란을 초래하는 것이 아니었다. 이처럼 신화의 원형적 무의식은 인생의 여정에서 어느 순간 남자가 반드시 과거의 행동을 뛰어넘어야 함을 알고 있으며, 그리하여 남자들이 새로운 길을 가도록 맹렬하게 밀어붙인다.

남자들은 왜 '전쟁터'를 떠나지 못할까

—

나이가 들어서도 대부분의 남성은 오디세우스와 그의 부하들처럼 행동한다. 자신이 평생토록 이끌어 온 전사의 방식을 조금도 의

심하지 않고 자신이 하는 모든 일에서 과거의 방식을 고집스럽게 밀고 나간다. 호전적이고, 자기중심적인 데다, 다른 사람을 정복해야만 직성이 풀리고, 자신이 다른 사람보다 힘이 세다는 사실을 확인하고 증명해야만 비로소 안심한다. 사실 남자들 스스로가 이런 것을 간절히 원하는 것은 아니다. 대다수는 아는 게 그것밖에 없기 때문에 자신에게 익숙한 방법을 지속해 나가는 것이다.

나 역시 그랬다. 심리학계에서 은퇴한 뒤 나는 하루라도 빨리 사람들에게 나의 달라진 모습을, 새로운 능력을 보여 주고자 스스로를 채찍질했다. 그러다 보니 많은 시간을 집필에 쏟아 부어야 했고, 강연 등으로 눈코 뜰 새 없이 바쁘게 지내야 했으며, 성과를 높이기 위한 모든 습관적인 행위들을 끝도 없이 반복해야 했다. 그런 식으로 나는 한동안 내용물만 바꾸고 형태는 그대로인 삶을 이어 갔다. 나는 남의 나라를 약탈하는 '오디세우스'였던 것이다.

마찬가지로 내가 만난 많은 남자들이 은퇴한 뒤 새로운 일자리를 찾거나 사회봉사 활동, 사교 활동, 오락 활동에 거의 변함없는 열의를 가지고 임하고 있었다. 사회봉사 활동이나 취미 활동조차 마치 수익을 내야만 하는 비즈니스를 하듯 남들과 경쟁하며 최고가 되기 위해 전투적으로 접근했다. 그들은 전쟁이 아닌 평화를 원한다고 하면서도 여전히 '검'을 내려놓지 못하고 있었다.

전사의 삶을 살아온 우리 남자들은 평생을 바쳐 온 일에서 은퇴하는 것이 마치 인생 자체에서 은퇴하는 것처럼 느끼는 경향이 있다. 어쩌면 자칫 미래의 승리라는 달콤한 열매를 놓쳐 버리진 않을까 전전긍긍하는 것일 수도 있다. 어느 쪽이든 그렇게 하다가는 오디세우스와 그의 부하들처럼 성숙해지는 일에 실패하기 십상이다.

우리들 중 일부는 자신의 아내, 성인이 된 자녀들, 이웃, 함께 일하는 사람들, 같은 취미를 가진 사람들을 상대로 새로운 '전쟁들'을 끝도 없이 지속하는 실수를 범한다. 그들과 자신만의 룰을 만들어 새로운 경쟁을 시작하고 그들 중 우두머리가 되기 위해 노력한다. 이런 전쟁은 마음속에 감춰져 있는 스스로에 대한 실망감, 열패감, 미래에 대한 두려움과 같은 감정들에서 벗어나게 해주기도 한다. 그러나 이런 방식을 사용함으로써 자신의 문제를 다른 사람에게 전가하게 되고 자기 인식의 기회를 놓치게 된다. 우리는 결코 타인을 바꿀 수 없다. 비판과 갈등을 통해서는 더더욱 그렇다. 우리는 오로지 자기 자신을 변화시키기 위해 노력할 수 있을 뿐이다.

남자가 스스로에게 물어야 할 한 가지

—

나이는 또한 우리가 어떻게 이 귀향에 접근할 것인지에 영향을 미친다. 50대 초반의 남자들은 여기 제시된 과제들이나 전쟁으로부터 고향에 돌아가는 중대 목표를 자신의 문제로 실감하지 못하는 경향이 있다. 이들은 여전히 자신이 팔팔하다고 느낀다. 몸의 노화를 현실적으로 경험하고 죽음이라는 필연을 받아들이기 전까지 오디세우스의 모험은 한낱 재미있는 이야기에 지나지 않는다. 이와 같은 맥락에서 은퇴가 이를수록 아직은 ‘젊은’ 축에 속하는 남자들의 경우 나이듦의 오싹함을 느끼지 못하기 때문에 이 도전들을 해결하려는 노력을 기울이게 되기까지 좀 더 오래 걸릴 수도 있다. 나이에는 사람을 바꾸는 힘이 있지만 이 힘은 육체적인 쇠락과 심리적인 변화를 직접 체험함으로써 얻어지는 지식을 통해 작용한다.

나이가 들어 일을 계속하는 것이 잘못은 아니다. 다만 일만 하다가 지치거나 너무 늦어 버려서 새로운 경험을 할 기회와 체력을 잃게 되는 것이 문제다. 남자는 나이 들어 가며 스스로에게 다음과 같은 질문을 던져 보아야 한다.

‘사회적으로 인정을 받는 일과 성공이 창의성을 계발하고 자아의 성숙을 도모하는 일, 혹은 아내나 어른이 된 자녀들, 손주들과의 관계를 돈독히 하는 일보다 더 중요한가?’ 마지막 순간까지 일에만 몰두하는 남자는 자신이 무엇을 놓쳐 버렸는지 끝내 알아차리지 못할 수도 있다. 이 이야기가 보여 주듯이 너무 오래 지체하다 보면 기회란 아침이슬처럼 금세 소멸되기 마련이니까!

고단한 현실과
정면으로 마주하기

동료들의 죽음을 애도하며 항해를 계속하던 중 거센 폭풍우를 만나 오디세우스 일행이 탄 배는 난파 위기에 처한다. 위기의 순간 그들은 천신만고 끝에 무사히 육지에 상륙해 이틀간 달콤한 휴식을 취한다. 그런 다음 폭풍우가 잦아들어 다시 여로에 오르지만 머지않아 또 한 번 무시무시한 폭풍우가 일기 시작하더니 무려 열흘 동안이나 지속된다. 폭풍우는 그들을 로토파고이족이 사는 섬에 데려다 놓는다.

로토파고이족은 자신들의 섬을 방문하는 이들에게 꿀처럼 달콤한 연잎을 대접한다. 연잎을 먹은 오디세우스의 부하들은 도전정신과 삶의 열정을 모두 잃어버리고, 심지어 고향으로 돌아가기 위해 항해를 해야 한다는 사실조차 깡그리 잊고 만다.

오디세우스는 자신의 부하들을 강제로 배에 태워 섬을 빠져 나간다. 그런 다음 연잎을 먹고 취해서 비틀거리는 부하들이 온전히 정신을 차릴 때

3장 남자가 넘어야 할 삶의 언덕

연잎을 먹는 사람들
작자 미상 | 기원전 1세기 벽화 | 바티칸 박물관

까지 그들을 모두 배의 돛대에 묶어 놓는다.

자아를 찾지 않으려는 절망적인 몸부림

—

호전적이고 승리에 집착하는 전사의 삶을 포기하는 대신 고단한 현실을 잊고 싶은 마음에서 아무것도 하지 않는 삶을 선택하는 사람들도 있다. 예를 들어 TV, 컴퓨터 게임, 술에 빠져 진정한 자아와 꿈을 잃고 무감각한 상태로 살아가는 것이다. 귀향은 깨끗이 '잊어 버리고', 아예 여정을 중단하게 되며, 일종의 깨어 있는 무의식의 상태로 미끄러져 들어간다.

실제로 나는 매일 저녁 6시만 되면 술을 다시기 시작해 마침내 고주망태가 된 채 침대에 쓰러져 잠이 드는 한 남자를 알고 있다. 그는 몸과 마음, 그리고 영혼이 모두 무감각해져서 자신의 삶을 변화시킬 그 어떤 욕구나 내면의 소리와도 마주할 기회가 없었던 것 같다. 그저 순간순간의 쾌락만을 추구할 뿐 남은 삶을 사랑과 각성의 여정으로 바꿔 놓을 성숙의 기회를 영영 놓쳐 버리고 말 것이다.

또 나는 쉬지 않고 운동을 하면서 너무 피곤하고 정신이 없는 나머지 자아를 대면할 여유가 없는 남자도 알고 있다. 그는 몸을 혹사시켜 자신을 끊임없이 무감각한 상태로 몰아가다가 결국에는 우울증에 걸리게 될지도 모른다. 그는 날마다 열심히 운동을 하지만 역설적이게도 오히려 건강을 잃게 될 가능성이 매우 크다.

또 어떤 이는 잠에 빠져들기도 한다. 나 역시 그런 경험을 갖고 있다. 몇 달 동안 '잠을 자고' 난 뒤에야 비로소 나는 나 자신이 무엇을 두려워하고 있는지 깨닫게 되었다. 그것은 나의 페르소나(persona 남의 눈에 비치는, 본인의 실제 성격과는 다른 한 개인의 모습), 전문가적인 삶, 그리고 개인 소득이 완전히 사라지는 것에 대한 두려움이었다.

이처럼 우리가 범하는 두 번째 실수는 끊임없이 무의식으로 빠져들어 개인적 성숙 같은 것은 몽땅 까맣게 잊어버리는 것이다. 위대한 철학자 키에르케고르는 귀향길에 오른 오디세우스가 연잎 때문에 위기에 처하는 모습을 보고 이와 같은 태만을 '참된 자아를 찾지 않으려는 절망적인 몸부림'이라고 표현한 바 있다. 또한 플라톤은 '로토스'를 거짓되고 거만한 사고방식이라고 해석하기도 했다.

남자답게 나이 드는 법

내면 들여다보기

항해를 계속하던 오디세우스와 그의 부하들은 뭔가에 홀린 듯이 이끌려 키클롭스들의 나라 인근에 도착한다. 키클롭스는 외눈박이 거인족으로, 이마 한가운데에 둥그런 눈알이 하나 박혀 있다. 그들이 사는 곳은 토양이 비옥하고 강우량이 풍부하며 사시사철 과실이 주렁주렁 열리고 야생 염소가 뛰노는 평화로운 섬이다. 키클롭스들은 남의 이목에 신경 쓰지 않고, 회의장과 법규도 없으며, 각자 동굴에 살면서 서로의 일에 간섭하지 않았다.

다음 날 아침, 오디세우스는 자신의 부하들을 데리고 키클롭스들의 섬을 탐험하러 나선다. 그곳에서 그들은 커다란 동굴을 발견한다. 그곳은 폴리페모스라는 키클롭스가 혼자서 가축을 기르며 사는 곳이다. 폴리페모스는 거인족 중에서도 산맥에 우뚝 솟은 산봉우리 만큼이나 덩치가 큰 키클롭스다.

주인이 없는 틈을 이용하여 오디세우스와 그의 부하들은 동굴로 들어간다. 동굴 안에는 치즈로 가득 찬 광주리, 양과 새끼 염소들로 가득했다. 부하들은 치즈와 양을 챙겨 얼른 배로 돌아가자고 간청하지만 오디세우스는 그 말을 들은 척도 하지 않고 바닥에 모닥불을 피운다. 그곳에서 동굴 주인을 기다리기로 작정한 것이다.

오디세우스 일행이 자신의 거처에 와 있는 줄 짐작조차 하지 못한 폴리페모스는 동굴에 돌아오자마자 땔감을 내려놓고, 집 안을 구석구석 정리하고, 염소의 젖을 짜는 등 이런저런 일을 한다. 그러다가 오디세우스 일행을 발견하고는 깜짝 놀라 "너희들의 정체가 뭐냐? 대체 어디서 무엇을 하러 이곳에 왔느냐?"라고 묻는다. 오디세우스는 자신들이 트로이 전쟁 참전 용사임을 밝히고 제우스신의 이름으로 먹을 것과 잠자리를 요구한다. 그러나 머리끝까지 화가 난 폴리페모스는 자신은 제우스든 다른 신들이든 전혀 개의치 않는다며 그들의 배가 어디에 정박해 있는지 당장 말하라고 다그친다. 오디세우스는 암초에 부딪쳐 배가 산산이 부서졌다고 거짓말을 한다. 그러나 여전히 화가 풀리지 않은 폴리페모스는 순식간에 오디세우스의 부하 두 명을 죽여 저녁으로 먹어치우고는 아무도 도망치지 못하게 입구를 막아 놓고 잠을 잔다. 이에 화들짝 놀란 오디세우스 일행은 조용히 아침이 오기를 기다린다.

다음 날 폴리페모스는 오디세우스 일행 중 두 명을 더 잡아먹고, 동굴을 나가면서 엄청나게 큰 돌로 입구를 막아 버린다. 동굴 안에 갇혀 버린 오디세우스는 폴리페모스를 혼내 줄 계획을 세운다. 주위를 두리번거리

남자답게 나이 드는 법

폴리페모스의 동굴 안에 갇힌 오디세우스
야콥 요르단스 | 17세기 전반경 | 푸슈킨 미술관

던 그는 동굴 안에서 커다란 막대기를 하나 발견하고는 그것을 잘라 끝을 날카롭게 다듬은 다음 숨겨 둔다. 얼마 후 폴리페모스가 일을 끝내고 동굴로 돌아와 저녁으로 두 사람을 더 잡아먹는다. 그 기회를 놓치지 않고 오디세우스는 키클롭스에게 포도주를 권한다. 폴리페모스가 이름을 묻자 오디세우스는 '우티스'라고 말한다.

폴리페모스가 술에 취해 잠들자 오디세우스와 그의 부하들은 뾰족하게 깎아 놓은 막대기를 가져와 끝에 불을 붙인 다음, 폴리페모스의 외눈에 힘껏 쑤셔 넣는다. 폴리페모스는 극심한 고통에 몸부림치며 무시무시한 괴성을 질러 댄다. 근처의 다른 키클롭스들이 괴성을 듣고 달려와 무슨 일이냐고 묻는다. 폴리페모스가 대답한다.

"우티스가 나를 죽이려고 해!"

이 말을 듣고 다른 키클롭스들은 하나같이 어리둥절한 표정으로 뿔뿔이 흩어져 버린다. '우티스'는 '아무도 아니'란 뜻이므로 폴리페모스는 "아무도 나를 죽이려 하지 않아!"라고 소리친 셈이다.

엄청난 고통에 몸을 비틀거리면서도 폴리페모스는 여기저기 손을 더듬어 돌을 치우고 문간에 앉아 두 팔을 벌려 입구를 막아 버린다. 그 바람에 오디세우스는 또 다른 책략을 생각해 내야만 하는 처지가 된다. 오디세우스와 그의 부하들은 버들가지로 양을 세 마리씩 묶은 다음 그중 가운데 양의 배에 부하들을 매달고 가장 큰 우두머리 양의 배엔 오디세우스를 매단다. 먼동이 트자, 폴리페모스는 양떼를 동굴 밖으로 내보낸다. 폴리페모스는 양의 등을 일일이 손으로 확인하지만 양의 배에 사람이 매달려 있으리라고는 꿈에도 생각하지 못한다. 그는 오디세우스가 매달린 양에게 다정하게 말을 건네기까지 한다.

극적으로 탈출에 성공한 일행은 배로 돌아와 섬을 떠나면서 큰 소리로 폴리페모스를 조롱하고 비아냥댄다. 머리끝까지 화가 난 폴리페모스가 오디세우스 일행의 목소리가 들려오는 방향으로 무너뜨린 산봉우리를 미친 듯이 던져 대는 바람에 자칫하면 배가 뒤집힐 상황을 맞게 된다. 가까스로 위기를 모면하자 오디세우스는 선원들의 만류에도 불구하고 또다시 큰 소리로 자신의 감쪽같은 속임수에 대해 떠벌리며 폴리페모스를 자극한다. 폴리페모스는 아무리 해도 분이 풀리지 않자 바다의 왕이자 자신의 아버지인 포세이돈 신에게 간절히 기도를 올린다.

"아버지 포세이돈 신이시여, 간절히 비옵나니 오디세우스 일행의 배를 파괴해 그들이 귀향하지 못하도록 해주소서!

영웅 안에 살아가는 두 살배기 어린아이

—

이 괴이한 모험은 남자의 나이듦과 어떤 연관이 있을까? 키클롭스는 남성의 어떤 심리를 반영하는 걸까? 오디세우스는 왜 폴리페모스가 살고 있는 동굴에 들어가 그를 자극했을까?

이 이야기에서 우리는 오디세우스가 신의 인도함으로 이 이상한 장소에 가서 외눈박이 괴물을 만난다는 사실을 알게 된다. 신의 안

키클롭스
오딜롱 르동 | 1914년경 | 오테를로 크뢸러 뮐러 미술관

내를 받은 것은 이 만남이 오디세우스에게 필요한, 뭔가 배울 게 있는 만남임을 시사한다.

키클롭스는 어마어마한 덩치를 자랑한다. 이 거대한 괴물에 대한 오디세우스의 묘사는 '어린아이'를 떠올리게 한다. 키클롭스가 등장하는 그림들만 봐도 무섭다기보다는 우스꽝스럽게 표현되는 경우가 훨씬 많다. 마치 신들이 그들에게 필요한 것들을 모두 공급해 주고 그들은 이 '마법 같은' 환경에 만족해하는 것처럼 보인다.

키클롭스의 외눈은 의식과 지각을 구분하기 이전의 어린아이가 가지고 있는 활짝 열린 인식 같은 것을 상징한다. 그것은 일종의 통합적 의식 같은 것이다. 키클롭스들은 사물의 겉만 보고 그 안을 보지 못하므로 매우 단순하고 순진하다. 키클롭스의 감정은 어린아이처럼 원초적일 뿐만 아니라 제대로 통제도지 않아 늘 불만을 품고 있거나 자극을 받으면 쉽게 폭발한다. 그들이 사람을 잡아먹는 것은 입을 통해 세상을 알아가는 심리적 발달의 초기 단계를 상징하는 것인지도 모른다.

키클롭스는 어린아이들이 애지중지하는 장난감에게 마치 말을 걸듯이 자신이 아끼는 양에게 따뜻하고 정감 넘치는 말을 건넨다. 또한 키클롭스는 단순한 삶의 행복을 누리면서 평화롭게 살아가며 어린아이들이 서로 친구를 맺듯 다른 키클롭스들과 평행놀이(다른 아이들 틈에서 놀지만 서로 접촉하거나 간섭하지 않고 혼자 노는 것을 가리키는 특수교육학 용어)를 하기도 한다. 요컨대 키클롭스의 섬은 유아기에 맛보게 되는 에덴동산 같은 낙원을 살짝 보여 준다. 우리의 영웅은 그 동굴에서 자신의 미숙하고 자기중심적이며 감정적인 자아, 즉 자기 안의 '두 살배기 어린아이'를 만난 것이다.

내면의 키클롭스와 씨름하는 남자들

철학자 칼 융은 "모든 성인들의 삶에는 어린아이가 한 명 숨어 있다"고 했다. 이처럼 우리 속에는 관심과 의존, 사랑을 원하는 '내부의 아이'가 살고 있다. 키클롭스는 바로 그 내부의 아이를 상징한다. 이 어린 자아는 사랑에 대한 우리의 가장 기본적인 동경을 안에 담고 있다. 그러나 훈련받은 남자들은 대담해야 하고 독립적이어야 한다고 생각한다. 또한 그들은 애정에 굶주린 자아를 나약하다고 여긴다. 그래서 자신 안에 내부의 아이가 존재한다는 사실을 용납하지 못하고 심지어 혐오스럽게까지 생각한다. 냉혹한 비판의 눈으로 보면 어린 자아는 미개하고 미숙하며 어리석기까지 하다.

오디세우스는 이 기묘한 자기 성찰이 일면 궁금하기도 하지만 두렵기도 하고 마음이 끌리는 한편 역겹기도 하다. 악동들이 약한 친구들에게서 자기 자신의 무의식적인 부끄러움과 열등감을 발견하고는 더욱 심하게 그들을 괴롭히는 것처럼 오디세우스는 단순하기 그지없는 키클롭스를 조롱하고 빈정댄다. 그리고 끝내 키클롭스의

오디세우스 일행에게 바위를 던지는 폴리페모스

아놀드 뵈클린 | 1896년

분노를 자극하여 그가 '아버지' 포세이돈에게 복수를 간청하게 만든다. 키클롭스의 눈을 멀게 만들면서 오디세우스는 실상은 자신의 눈을 멀게 만들고 있는 것이다. 그는 아직 자신의 미성숙함을 정면으로 대면할 준비가 돼 있지 않기 때문이다. 또한 양 밑에 숨은 사람들과 마찬가지로 오디세우스는 눈 먼 키클롭스를 '속이고' 싶어 한다.

하지만 긍정적인 측면으로 보면 오디세우스는 자신을 이해하기 위해 '안으로 들어가는' 위험을 감수한다. 그는 이제 자신을 돌아보기 시작한 것이다. 내면의 자아는 아주 오래 전부터 우리와 함께 살아가고 있었다. 다만 평생토록 전사의 가면을 쓰고 사느라 대부분의 남자들은 내부의 감정적 자아를 외면해 왔던 것이다. 그리고 마침내 남자들이 전사의 갑옷을 벗고 나면 내면의 어린 자아와 맞닥뜨리게 되어 갑자기 어린아이처럼 행동하게 되는 것이다.

나는 골프 내기에서 졌다고 아기처럼 울음을 터뜨리는 남자를 본 적이 있다. 나이가 들면서 자신의 가치가 미미해지고 예전과 같은 존경을 받지 못한다는 사실에 분노해 폭발하는 남자도 보았다. 또한 자신이 오랫동안 등한시 했던 가족이 거꾸로 자신을 무시하거나 외면한다고 느낄 때 우울의 늪으로 빠져드는 남자를 보았다. 한 해 두 해 나이가 들어가는 것에 대해 솔직한 심정을 물으면 자신의 두려움을 마주하기 싫은 탓인지 괜스레 발끈하는 남자도 보았다. 이런 남자들은 모두 내면의 키클롭스와 씨름하고 있다고 보아도 무리가 없을 것이다.

내면의 어린 자아는 생을 다할 때까지 나와 함께 살아갈 또 다른 자아다. 어린 자아를 무시하거나 외면해서는 안 된다. 자극하면 자극할수록 어린 자아는 더욱 어리게 행동하는 결과를 낳으므로 자신의 일부로 인정할 필요가 있다. 결국 어린 자아는 다른 사람에게 사랑받고 또 인정받고 싶은 내 안의 욕구이므로 그것을 인정하는 것이 어린 자아와 평화롭게 살아가는 현명한 방법이다.

내 안의 키클롭스 발견하기

—

강박적인 전쟁 행위도 최면성이 강한 습관들도 결국 나이듦의 문제를 해결해 주지는 못하므로, 우리는 결국 자신의 내면을 들여다보고 스스로 성숙한 감정을 갖기 위해 노력해야 한다. '나는 진정 어떻게 느끼고 있는가?' '내가 가장 두려워하는 것은 무엇인가?' '우월감과 생산성이라는 가면 뒤에 더 이상 숨을 수 없게 된 지금 나에게 나타나는 유년의 상처에는 어떤 것들이 있을까?'라는 질문을 스스로에게 던져야 한다.

나의 경우 내 안의 키클롭스는 언제나 감정이 격하고, 쉽게 폭발하고, 무관심했던 엄마에게 외면당한 어린아이였다. 다섯 명의 어린 아들 때문에 자신의 야망에 투자할 시간이 거의 없었던 어머니는 삶을 되찾고 싶어 했다. 그 거대한 거부를 두려워하면서, 나는 타고난 자아와 그 자아의 발현을 외면한 채 내게 주어진 역할과 기대를 받아들이며 고분고분한 태도 뒤에 숨어 버렸다. 평화를 유지하기 위해 부인해 왔던 나의 소질과 장점을 발견하게 된 것은 나중의 일이다. 이제 그 내면의 동굴로 들어가면 나는 그 어린아이가 젊은이로 자란 것을 발견한다. 거울은 늙어 가는 얼굴을 보여 주지만 내면의 자아는 아직도 팔팔하고 정력적이다. 나는 이제 이 늙지 않는 자아를 사랑하며 적극 보호하기를 원한다.

나이가 들면서 범하기 쉬운 세 번째 실수는 어리고 미숙하고 감정적인 자아를 무시하고 혐오하는 것이다. 이런 상황에서 우리는 우리의 과제인 성숙을 위해 내면으로의 여행을 떠나기 시작할 때 우리 자신에게 전사로서의 기대를 다시 부여하는 일을 피하는 것이다. 지난 날 부모님들이나 선생님들, 동년배들이나 직장 동료들이, 또는 사회가 우리에게 그런 기대를 걸었지만 우리는 더 이상 그런 것들에 끌려 다녀서는 안 된다. 비난과 비판은 여정을 멈추게 하고, 반대로 연민과 이해는 그것을 고무시킨다.

감정 돌보기

그다음에 오디세우스와 부하들은 바람을 다스리는 능력을 가진 아이올로스 왕이 살고 있는 섬에 닿는다. 물 위에 떠 있는 이 섬은 청동 성벽으로 둘러싸여 있다. 그 뿐만 아니라 미끄러운 암벽이 솟아 있어 외부 세계와 철저히 단절돼 있다.

아이올로스 왕에게는 여섯 명의 아들들과 여섯 명의 딸들이 있었는데, 섬에는 다른 주민들이 살지 않으므로 왕은 자신의 딸들과 아들을 혼인시켰다. 왕과 그의 가족은 좋은 집에서 부를 누리고 날마다 잔치를 베풀며 행복하게 살았다. 오디세우스 일행이 섬에 도착하자 아이올로스 왕과 왕비는 한 달 동안 이들을 후하게 대접한다.

마침내 오디세우스가 고향으로 돌아가려 하자 왕은 그가 가고자 하는 방향을 묻는다. 그러더니 이별의 선물로, 그들을 고향으로 데려다줄 서풍만 남기고 자칫 배를 엉뚱한 곳으로 돌고 갈 수도 있는 바람들을 전부 가죽 부대에 담아 꽁꽁 동여맨 뒤 오디세우스에게 잘 간직하라고 신신당부한다.

서풍의 도움으로 일행은 아흐레 동안 빠르게 항해한다. 하루 빨리 고향에 돌아가고 싶어 안달이 난 오디세우스는 잠도 자지 않고 식음도 전폐한 채 오랫동안 혼자서 배를 운행한다. 그러다가 고향 이타케가 저 멀리 보일 즈음, 그는 그만 혼절하듯 잠에 빠져들고 만다. 그 사이, 오디세우스가 지니고 있던 가죽 부대에 아이올로스 왕이 준 보물이 들어 있을 거라고 의심한 부하들이 주머니를 연다. 그러자 그 안에 들어 있던 강풍들이 쏟아져 나와 순식간에 그들을 아이올리아 섬으로 되돌려 놓는다. 얼마 후 자초지종을 알게 된 오디세우스는 너무도 슬프고 후회스러워 죽어 버리고 싶다는 생각까지 하게 된다.

아이올로스의 성으로 돌아온 오디세우스는 자신의 불운을 한탄하며 왕에게 다시 한 번 도와달라고 간청한다. 아이올로스 왕은 신들이 그토록 쓰라린 벌을 내리는 남자는 누구든지 자신의 도움을 받을 자격이 없다고 딱 잘라 말하며, 그에게 당장 섬을 떠나라고 명령한다.

극단적 자만은 자기부정과 다르지 않다

—

네 번째 도전에서 우리는 무엇으로도 뚫을 수 없는 성벽으로 둘러싸인 섬에서 완벽하게 자족적인 삶을 누리는 아이올로스 왕과 그

오디세우스에게 바람 자루를 주는 아이올로스
이삭 모이용 | 17세기경 | 테세 미술관

의 가족을 만난다. 심지어 자녀들끼리 결혼까지 할 정도로 그들은 외부의 도움을 필요로 하지 않는다. 한마디로 이곳은 자족적이고 자아도취적인 세계다. 인간은 모든 것을 스스로 처리할 수 있다는, 또는 그래야만 한다고 생각하는 이들이 모여 사는 곳이다.

그러나 자세히 들여다보면 몇 가지 허점이 발견된다. 먼저, 섬이 둥둥 떠 있다는 건 그들의 태도가 방어적이며 허황된 것이라는 점을 보여 준다. 이는 곧 이 섬 거주자들의 생각이 내면 깊은 곳에서 우러나오는 게 아니라 자만심으로부터 나온다는 점을 시사한다.

이런 영향 때문인지 이 섬을 떠나며 오디세우스는 잠도 자지 않고 열흘 동안이나 혼자서 배를 직접 조종하겠다고 고집한다. 그는 다시 한 번 모든 것을 혼자 힘으로 감당해 내려는 강박적인 전사가 된다. 그러다가 결국 꿈에도 그리던 고향을 바로 눈앞에 둔 상태에서 잠에 빠져드는데, 이는 그가 아직 집으로 돌아갈 감정적인 준비가 되어 있지 않다는 걸 보여 준다.

오디세우스가 간직하고 있던 주머니를 열어 본 그의 부하들은 이런 허세 뒤의 탐욕을 나타낸다. 주머니에서 풀려난 감정적 혼란이 어찌나 거세었던지 그들은 어렵게 떠나온 '자만의 섬'으로 순식간에 되돌아가고 만다. 왕의 반응이 상징하듯이 이번에도 오디세우스는 자신의 실패를 받아들이지 않는다.

남자답게 나이 드는 법

내면의 '가죽 부대'를 열고 감정과 대면하기

—

남자들은 나이가 들어서도 자신을 무자비하게 밀어붙이는 경우가 많다. 일생에 한번은 큰 성공을 거두어 평생 동안 추구했던 자존감과 사회적 존경을 확실히 되찾고자 하는 욕망 때문이다. 마치 아이올리아 섬을 둘러싸고 있는 청동 성벽을 당장 구축하기라도 할 기세로 말이다. 어떤 이들은 그저 불안해서 밀어붙이기를 멈추지 못하기도 하는데, 사실 그들은 근본적으로 실패를 두려워하는 사람들이다.

나도 예외는 아니었다. 갑작스럽게 찾아온 은퇴의 허무함 속에서, 나는 심리학 이외에 신학 공부에도 도전하기로 결심했다. 그렇게 하면 새로운 정체성을 찾게 되어 내 삶이 다시 반짝반짝 빛날 것 같았다. 또 어른으로 존경받을 수 있는 새로운 삶의 방식을 찾고 싶은 욕심도 컸다.

정체성 혹은 존경을 받는 삶의 방식을 성취하는 게 잘못이라는 얘기가 아니다. 나이가 들어서도 젊었을 때와 같은 방식으로 문제를 해결하려는 자세에 대해 이야기하려는 것일 따름이다. 돌이켜보니 내가 은퇴에 직면해서 취한 방식은 '나는 아직 건강해. 뭐든지 할 수 있어'라고 자부하면서 상처 입은 자아를 무자비하게 다그치는 것이었다. 이것은 자기 부정과도 같다. 이렇게 계속해서 자신을 다그치면 새로운 길을 찾을지는 모르지만 그로 인한 마음의 상처를 치유할 기회를 잃게 된다. 서풍을 제외한 바람들을 가죽 부대에 넣어 두는 것과 같다. 만약 자루가 열렸을 때 그곳에서 터져 나오는 부정적인 감정, 고통과 혼란으로 휘청거릴 수밖에 없다. 자만심이 문제를 조금도 해결해 주지 못한 것이다.

평생을 영웅적 자만에 빠져 살면 그동안 쌓인 자기 부정의 고통과 함께 우울증, 관계 단절 같은 끔찍한 결과들이 가죽 부대에 담길 수밖에 없다. 우리는 언젠가 스스로 가죽 부대를 열고 그 안에 감춰 두었던 감정들과 솔직히 대면해야 한다.

나이가 들면 다른 감정들도 돌봐야 한다

—

긴긴 세월 남자들은 전쟁터에서 영웅심에 빠져 지내기 십상이다. 그 외의 감정들은 돌볼 겨를도 돌볼 생각도 하지 못한다. 그저 앞만 보고 승리를 위해 적진으로 돌진해야 하는 운명이다.

나이가 들면서는 영웅심 외에 가죽 부대에 꽁꽁 동여매 놓았던 다른 감정들도 살피고 돌봐 주어야 한다. 우리의 마음 한 귀퉁이에 가득 쌓여 있는 감정들과 내면의 갈등들을 제대로 다룰 때까지 친절하게 보살펴야 한다. 장거리 여행에서 목적지에 빨리 도착하기 위해 각성제로 잠을 쫓아 가며 밤새 달리는 운전사처럼 자신을 끝도 없이 밀어붙이기만 하다가는 급기야 자기 부정으로 가득 채워진 가

죽 부대가 열렸을 때 그 안에서 성난 고통의 폭풍이 휘몰아쳐 나올
수도 있다.

남자들이 종종 범하는 흔한 실수는 지나치게 열심히 하는 것이다.
우리는 자신을 열심히 밀어붙이기만 하면 의지력 하나만 가지고
도 어렵지 않게 목표에 도달할 수 있으리라고 믿는다. 우리는 인생
의 여정 속에서 변화를 거부하고 한결같은 모습으로 집에 돌아가고
자 하지만 이것은 다 쓸 데 없는 자기기만에 지나지 않는다. 반면에
마음의 벽을 허물고 감정의 가죽 부대를 여는 일은 자아와 영혼과
내면의 삶에 확실하게 닿게 해주어 결과적으로 변화의 에너지로 작
용한다.

자신의 실패를
잘 대하는 법

오디세우스와 그의 부하들은 아이올리아 섬에서의 실패로 크게 낙심한 채 항해를 계속한다. 이레 동안 항해한 뒤 그들은 높은 절벽들로 둘러싸인 길고 좁은 길을 통과해야만 들어갈 수 있는 어느 항구에 도착한다. 이곳은 식인 거인 라이스트리고네스족이 사는 텔레필로스 섬이다. '쉴 새 없이 빛이 내리쬐는 땅'이라고 불릴 정도로 1년 365일 해가 지지 않는 곳이라서 이 섬의 사람들은 밤낮으로 일을 해야 한다.

오디세우스는 항구 구석구석 깊숙한 곳에 배를 정박하도록 부하들에게 지시한다. 마지막으로 그는 자신이 탄 배 한 척을 항구의 입구 바깥쪽에 있는 절벽 부근에 따로 정박해 둔 뒤 정탐을 하기 위해 바위 꼭대기로 올라간다. 그런 다음 그는 아무도 눈치 채지 못하게 세 명의 부하들을 마을로 들여보낸다. 고향 땅 이타카를 눈앞에 두고도 밟아 보지 못한 채 강

남자답게 나이 드는 법

라이스트리고네스 섬에서 공격을 받는 오디세우스
작자 미상 | 에스퀼리 누스 언덕 출토 로마 시대 벽화

풍을 만나 되돌아온 뒤 오디세우스는 매사에 신중을 기한다.

정찰을 나선 부하들은 샘가에 물을 길러 온 한 소녀를 만나는데, 공교롭게도 그 소녀는 아이올리아 섬의 왕 안티파테스의 딸이다. 소녀는 오디세우스의 부하들을 궁으로 인도한다. 거기서 그들은 덩치가 우람하고 험상궂게 생긴 왕비를 만난다. 왕비는 즉시 자신의 남편을 부르고, 서둘러 달려온 안티파네스 왕은 눈 깜짝할 사이에 오디세우스의 부하 한 사람을 저녁 식사로 먹어치운다.

이에 혼비백산한 나머지 두 사람은 한 걸음에 도망쳐 오디세우스에게 이 일을 알린다. 안티파네스 왕은 섬 전체에 외부인의 침입 사실을 알리고, 그로부터 얼마 지나지 않아 수천 명의 거인들이 들이닥친다. 오디세우스 부하들의 상당수가 거인에게 잡아먹히고 열한 척의 배도 모두 빼앗기고 만다. 오디세우스가 탄 배만이 그 섬을 극적으로 탈출한다.

내면을 정찰하고 탐험하며 자신에 대해 배우기

—

자신의 자만심 때문에 고향 땅을 눈앞에 두고 밟아 보지도 못한 채 멀어질 수밖에 없는 참담한 경험을 한 뒤 오디세우스는 매사에 신중해지고 조심스러워진다. 그러나 그 후로도 꽤나 오랫동안 그는 죄책감과 후회에서 벗어나지 못한다. 그는 더욱더 엄격한 잣대로 자신을 평가하며 스스로를 채찍질하고 괴롭힌다. 그는 자신의 자만,

남자답게 나이 드는 법

곧 강박적인 근면성으로 부하들과 자신을 위험에 빠트렸다는 사실에 번민하고 괴로워한다. 그의 후회는 자기 부정을 넘어 자기혐오의 수준에 이를 정도로 심각하다.

자기 자신을 용서하고 쓰라린 실패의 상처를 훌훌 털고 넘어가면 좋겠지만 오디세우스에게는 아직 그렇게 할 만한 마음의 여유와 감정 컨트롤 능력이 없다. 어쨌든 그런 자기혐오의 결과는 처참하다. 결국 그는 배 한 척을 제외한 나머지 모든 것을 잃고 만다. 부하들과 배를 잃는다는 것은 그가 갖고 있던 권력과 자부심을 모두 잃는다는 의미다.

위의 이야기에서 안티파네스 왕과 그의 왕비는 오디세우스의 초자아, 즉 그의 도덕과 양심을 형성하는 기준들을 의미한다고 볼 수 있다. 그리고 밤낮없이 일하는 식인 거인은 오디세우스의 지칠 줄 모르는 근면·성실을 상징한다. 왕이 식인 거인들에게 밤낮으로 일하라고 몰아세우는 것처럼 오디세우스 역시 자기 자신에게 강박적일 정도로 끊임없이 근면과 성실을 요구한다.

한편 이 섬을 정찰하고 탐험하는 것은 오디세우스에게 자신의 인격 내부를 들여다보는 일과도 같다. 그는 여전히 자신에 대해 배우고 있다. 흥미롭게도 이 패배를 통해 오디세우스는 겸손을 배우게 되는데, 이는 감정의 성숙에 꼭 필요한 조건이다.

자아 성숙을 방해하는 자기학대를 경계할 것

—

평생 동안 승리를 추구하며 영웅심에 빠져 살던 우리에게 실패의 경험은 좌절 그 자체다. 그 결과 남자들은 때때로 혹독한 자기혐오에 휩싸여 자신을 부정하게 된다. 어쩌다 한 번 실수하거나 실패한 것이 아니라 마치 자신의 인생 자체가 실패인 것처럼 받아들이게 되기 때문이다. 수치심과 분노가 극에 달하면 자신이 영웅의 조건과 기준들을 만족시키지 못했다는 이유로 괴로워하며 자기비하에 빠지고 스스로를 공격한다. 이 과정에서 처음엔 자기 자신을 부정적으로 평가하다가 차츰 자존감이 낮아지고 급기야 우울증의 신호들이 감지되기 시작한다. 그러나 정작 자신은 이런 감정들을 솔직히 인정하지도 용기 있게 대면하지도 못한다. 왜 그럴까? 자신이 우울증을 앓고 있다는 사실을 인정한다는 것은 더 많은 실패를 의미한다고 생각하기 때문이 아닐까. 그러다 보니, 그저 자신의 슬픔을 혼자 끌어안은 채 견뎌 내고 참아 낸다. 이렇게 하는 것이 '남자답게' 대처하는 것이라고 믿는 것이다.

나 역시 은퇴 후 나 자신의 문제에 등을 돌린 때가 많았다. 사실 나는 내 힘으로는 도저히 어떻게 할 수 없는 요인들 때문에 일을 그만둘 수밖에 없었다. 그럼에도 불구하고 나는 여러 달 동안 지독한 자기혐오에 빠져 스스로를 괴롭히고 있었다. 대부분의 시간을 '다 내 잘못이야. 무슨 일이 있어도 계속 밀고 나가야 하는 거였어'와 같은 원망과 후회, 그리고 '난 이제 아무것도 아니야' 식의 자기비하로 아까운 시간을 허비했다. 이것은 아주 작은 실패에도 게걸스럽게 우리의 자존감을 먹어치우는 '일중독 거인'들이 일제히 공격을 개시한 결과다. 또한 이것은 강박적인 전사로 살아온 삶의 또 다른 결과이기도 하다.

평생 자신을 지탱해 온 영웅심을 잃게 되면 남자들은 무자비한 비판과 원망, 자기혐오에 빠져 자칫 스스르에게 화를 내는 실수를 범하게 되기 쉽다. 이런 자기 부정은 인내심과 이해, 자신을 사랑하는 마음으로만 치유할 수 있다. 따라서 작은 실패가 자신을 삼켜 버리도록 방치해서는 안 된다. 이 경우 진짜 적은 용서의 힘을 알지 못하며 심지어 자신을 끝도 없이 몰아붙이는, 스스로 세워 놓은 기준들이다. 우리의 자아는 이런 자기 학대의 위협 아래에서는 결코 성숙해질 수 없다.

남자답게
나이 든다는 것

늙는 법을 아는 것은 지혜의 최고 경지이자
인생을 사는 데 필요한 고급 기술 중에서도
가장 배우기 어렵고 묵직한 화두 가운데 하나다.

— 철학자 앙리 아미엘

내 안의 아니마,
여성성 발견하기

오디세우스의 모험은 계속된다. 식인 거인들에게서 도망친 뒤 그의 일행이 도착한 곳은 마녀 키르케가 사는 아이아이 섬이다. 그들은 해안에 상륙한 뒤 이틀 밤낮을 아무것도 하지 않고 쉬면서 몸과 마음의 피로를 푼다. 사흘째 되는 날 오디세우스는 근처의 높은 봉우리로 올라가 섬을 면밀히 관찰한다. 배로 돌아오는 길에 거대한 수사슴 한 마리를 발견한 오디세우스는 그걸 잡아다가 부하들을 배불리 먹인다.

다음 날 아침, 오디세우스는 자신이 완전히 방향을 잃고 혼란에 빠졌음을 깨닫는다. 그는 자신이 어디에 있는지, 또 무엇을 어찌해야 할지 알지 못해 괴로워한다. 그의 부하들 역시 최근에 겪은 쓰라린 실패에 비통해한다. 호메로스는 "그들이 마음 깊숙한 곳에 상처를 입어" 모두 "큰 소리로 울부짖었다"고 썼다.

결국 오디세우스는 부하들을 두 무리로 나누어 한 무리를 키르케의

남자답게 나이 드는 법

음료를 권하는 키르케

존 윌리엄 워터하우스 | 1891년 | 올덤 아트 갤러리

저택으로 보낸다. 그 집 주변에는 사자와 늑대 같은 짐승들이 에워싸고 있다. 한데, 그 짐승들은 오디세우스 일행을 보고 덤벼들기는커녕 강아지처럼 반갑게 꼬리를 흔들어 댄다. 오디세우스의 부하들은 키르케가 집 안에서 노래를 부르는 소리를 듣고 그녀에게 다가가서 말을 건넨다. 그녀는 그들을 모두 집 안으로 반갑게 맞아들이지만 에우릴로코스만은 뭔가 일이 심상치 않게 돌아간다는 의심이 들어 밖에서 기다리며 상황을 지켜보기로 한다.

키르케는 오디세우스의 부하들에게 음료를 권한다. 하지만 그 음료에는 고향을 잊게 하는 약이 들어 있어 그걸 마신 부하들은 고향 같은 건 깡그리 잊고 만다. 그 순간을 놓치지 않고 키르케는 그들을 모두 돼지로 변신시켜 우리에 가두어 버린다. 이를 지켜본 에우릴로코스는 재빨리 달려가 오디세우스에게 자신이 목격한 일을 알린다.

오디세우스는 키르케와 직접 만나 담판을 지을 결심을 하고 에우릴로코스에게 그녀의 집으로 가는 길을 안내해 달라고 요청한다. 동료들이 모두 돼지로 변하는 충격적인 장면을 목격한 에우릴로코스는 겁에 질려 다시는 그곳에 가고 싶지 않다고 말한다. 하는 수 없이 오디세우스는 혼자 길을 떠난다.

키르케의 궁전 가까이에 도착할 무렵, 그는 젊은이로 변장한 헤르메스 신을 만난다. 오디세우스가 직면한 위험을 간파한 헤르메스는 그에게 키르케의 사악한 물약의 효능을 막는 약을 준다. 헤르메스는 오디세우스에게 "키르케가 자신이 권하는 음료를 마시고도 그대에게 아무런 변화

남자답게 나이 드는 법

가 일어나지 않는 것을 보고 당황하는 그 순간을 놓치지 말라"고 조언해 준다. 그리고 그 즉시 품에서 칼을 꺼내어 그녀를 죽일 것처럼 달려들라고 귀띔한다. 그러고 난 뒤 키르케가 자기 침실로 오디세우스를 초대하면 자신의 부하들에게 내린 저주를 먼저 풀어 주고 더 이상 그들에게 마법을 사용하지 않을 것을 신들 앞에 맹세하게 한 다음 그녀의 말에 따르라고 권한다.

모든 일이 헤르메스가 예언한 대로 진행된다. 키르케는 자신의 약이 아무런 효험을 발휘하지 못하자 경악한다. 그러고는 극도로 분노한 나머지 칼로 자신을 죽이려 하는 오디세우스 앞에 무릎을 꿇고 이렇게 말한다.

"이 약을 마시고도 마법에 걸리지 않은 사람은 지금껏 단 한 명도 없었어요. 당신은 오디세우스임에 틀림없어요. 일전에 헤르메스가 제게 말했거든요. 언젠가 위대한 오디세우스가 트로이를 떠나 집으로 가는 길에 이곳을 방문하게 될 거라고요. 당신이 만일 오디세우스라면 어서 그 칼을 거두세요. 그리고 서로 믿음을 갖고 침대로 가서 저와 사랑을 나누어요."

헤르메스가 귀띔해 준 대로, 오디서우스는 키르케에게 자신의 부하들을 원래의 모습으로 되돌려 놓으라고 요구하고 그녀는 흔쾌히 그의 청을 들어준다.

두 사람은 키르케의 침실에서 달콤한 사랑을 나눈다. 그런 다음 시녀들이 오디세우스를 깨끗이 목욕시키고 온몸에 정성껏 올리브 오일을 발라준 뒤 귀한 옷으로 갈아입히고 연회장으로 안내한다. 그러나 부하들 걱정에 마음 편히 연회를 즐길 수 없는 오디세우스는 그들이 모두 무사하다는 것을 확인하기 전에는 마음을 놓을 수 없다고 키르케에게 말한다. 그러자 키르케는 오디세우스의 부하들을 모두 자신의 저택으로 데려오도록 지시한다.

오디세우스는 돼지로 변한 부하들이 모두 무사한 것을 확인한 뒤 배에 남아 있는 다른 부하들을 데리러 간다. 배에 있던 부하들은 오디세우스가 살아 돌아오는 것을 보고 기뻐한다. 더구나 돼지로 변해 있던 자신의 동료들이 모두 무사할 뿐만 아니라 마법에서도 풀려났다는 말을 듣고 더욱 기뻐한다. 그러나 에우릴로코스는 여전히 겁에 질린 채 키르케의 저택에 가기를 주저한다. 오디세우스는 그의 머리를 잘라 버리고 싶은 충동을 참느라고 애를 먹지만 결국 그를 남겨두고 길을 떠난다. 키르케의 저택에서 다시 만난 오디세우스 일행은 연회를 즐긴다.

연회는 무려 일 년 동안이나 계속된다. 매일 매일을 쾌락에 빠져 즐겁게 보내던 오디세우스 일행은 결국 향수병에 걸리고 만다. 그러자 오디세우스는 키르케에게 자신과 부하들이 모두 고향으로 돌아갈 수 있게 해달라고 간청한다. 키르케는 그러마고 동의하지만 집으로 돌아가기 전 지하세계에 살고 있는 하데스를 방문해 거기서 예언자 테이레시아스의 혼령을 만나야 한다고 덧붙인다. 하데스는 죽은 사람들이 가는 저승세계다. 그 말을 듣고 절망에 빠진 오디세우스는 눈물을 흘린다. 지금껏 그곳을 방문하고 살아 돌아온 자가 아무도 없기 때문이다. 키르케는 오디세우스에게 북풍이 그를 지하세계로 안내할 거라며 안심시킨다. 그리고 이렇게 말한다.

남자답게 나이 드는 법

마법사 키르케

존 윌리엄 워터하우스 | 1886년

"바람을 믿어요. 그러다가 나무가 울창한 원시림에 닿으면 배에서 내려 지하세계로 가세요. 그곳은 두 강이 만나는 곳이에요. 그곳에서 구덩이를 파고 희생 제물을 바친 뒤 죽은 자들을 위해 기도하세요."

키르케는 그들에게 세 가지 위험에 대해 경고한다. 그것은 첫째 사이렌, 둘째 스킬라와 카립디스 해협, 마지막으로 태양신 히페리온이다. 오디세우스 일행은 자신들의 운명적인 임무를 이해하고 길을 떠난다. 그때 그들 중 한 젊은이가 지붕 근처에서 졸다가 바닥으로 떨어져 죽고 그의 영혼은 곧장 하데스로 간다.

진정한 남자가 되려면 여성성을 갖춰야 한다

—

이 여정에서 오디세우스는 완전히 길을 잃고 헤매고 있다. 그런 그를 구원해 준 이는 권력과 아름다움을 겸비한 여신 키르케다. 키르케는 무엇을 상징할까? 그녀는 단지 그리스 신화에 등장하는 최고의 마법사를 넘어 그 이상의 의미를 담고 있다. 여신 키르케가 상징하는 것은 남성의 내면에 자리한 여성적 특성, 즉 '아니마'다. 아니마는 우리에게 무엇보다 중요한 의미이므로 좀 더 자세히 살펴보기로 하자.

정신분석학자 칼 융은 태어나면서부터 여성과 남성은 각각 다른 성의 역할을 교육받지만 여성의 무의식 안에는 아니무스라는 남성적 인격이 감추어져 있고 남성의 무의식 안에는 아니마라는 여성적 인격이 숨어 있다고 보았다. 그리고 여성이 아니무스, 남성이 아니마에 접근하는 기회가 통합적인 인격을 완성함으로써 강력한 힘을 발휘한다고 했다. 결국 평생 강해지기 위해 노력해 온 남자가 더욱 강해지기 위해서는 남성성이 아닌 여성성을 추구해야 한다는 의미다.

따라서 남자나 여자들은 자기 안의 여성·남성적 요소를 숨기지 말고 적절히 표출해야 할 필요가 있다. 자신의 이성적 요소들을 잘 발휘하는 사람은 정서적 안정을 찾을 수 있고 더 나아가 자발성과 창의성까지 발휘할 수 있다. 이를 위해서는 먼저 숨겨진 자신의 여성성·남성성을 찾는 것이 선결과제다.

자아실현은 나이 들어가는 남자에게 매우 중요한 의미를 갖는다. 이미 경험한 대로 나이가 들면 몸뿐 아니라 마음도 노화 과정을 밟게 된다. 마음이 시끄러워지는 원인도 제각각 달라진다. 젊었을 때는 주로 외부 환경이나 다른 사람과의 관계에서 갈등이 일어난다면 나이 들어서는 자신의 내면에서 또 다른 자신과의 사이에 갈등이 점점 더 커진다. 따라서 나이가 들어갈수록 사회적 성공을 꿈꾸며 외연을 확대하기 위해 노력하기보다는 자신의 삶에 새로운 의미를 찾는 시간과 노력이 필요하다.

당신의 삶에 새로운 의미를 찾고자 한다면 자신의 내면에 감춰져 있는 여성성을 인정하고 발견해야 한다. 그러므로 중년 이후의 자아발견은 아니마와 아니무스를 찾는 자기성찰부터 시작할 필요가 있다. 다시 한 번 강조하건대, 지금까지 극단적인 남성스러움과 여성스러움을 누군가에게, 혹은 사회에서 강요받아 왔다면 이것을 과감히 버려야 한다. 이는 오디세우스뿐만 아니라 모든 남자들이 스스로 풀어야만 하는 중요한 과제이기도 하다.

여성성을 통해 성숙해지는 남자들

—

오디세우스는 키르케를 통해 자신 안의 아니마를 찾는 자기성찰을 시작한 것이다. 그가 무사히 가족의 품으로 돌아가기 위해서는 자신 안의 여성성을 이해하고 잘 활용할 필요가 있다. 곧 알게 되겠지만 『오디세이아』에서 여성성은 여신 아테나의 등장으로부터 시작해 오디세우스의 아내 페넬로페의 등장으로 마무리된다. 여성성이라는 중요한 코드는 이 신화의 정중앙을 꿰뚫으며 작동하는 것이다.

아니마는 전사로 살아가는 남자의 마음 안에 자리한 사랑의 능력과 자신의 여성적인 면을 반영하기 위해 그가 찾는 영혼의 짝, 이 두 가지를 대변한다. 남성성이 정복을 위해 바깥에서 활발히 활동할 때 여성성은 단테의 연인 베아트리체처럼 남자의 내면을 움직여 그 감정과 심리, 집단 무의식에 대한 안내자로 작용한다.

수십 년간 축적된 삶의 경험에도 불구하고 남자들이 성적인 상징

남자답게 나이 드는 법

들과 경험들로 이루어진 자신의 내면세계를 깊이 탐험한 일은 별로 없다. 그들은 어렸을 적부터 자신의 내면에 감추어 두었던 원시적인 여성관을 이따금 발견하게 되는데, 그것은 남성들의 여성관에 대한 미성숙을 반영하기도 한다. 많은 남성들에게 여자, 혹은 여성성은 키르케처럼 위험하고 예측 불가능하고 강력한 존재로 보일 수도 있다. 그러나 여성성은 다양한 형태로 발휘된다. 남자들은 이 사실을 명확히 알아야 한다.

여성성의 첫 번째 힘인 사랑은 사람을 변모시키는 능력이다. 미녀가 야수를 탈바꿈시키듯이 남자를 부드럽게 만들고 그의 영혼을 온유하게 바꾸고 영웅적 태도를 유지하는 동안 거의 잃어버린 유연성을 일깨운다. 이 힘은 남자의 내면과 외면 양쪽에 존재하는데, 남자의 내면의 여성성의 일부이기도 하고 그가 사랑하는 여성들에게서 투사를 통해 경험되기도 한다.

이 이야기에서 여성성은 치유와 성숙, 화해와 사랑을 가능하게 하면서 되풀이해 나타난다. 오디세우스와 그의 아들 텔레마코스에게 끊임없이 신성한 안내의 조언을 속삭이는 아테나요, 오디세우스와 그의 부하들이 여정을 계속하는 데 필요한 것들을 공급해 주는 칼립소이기도 하며, 남편의 귀환을 위해 소망과 인내와 충성심을 가지고 기다리는 오디세우스의 아내 페넬로페이기도 하다. 남자가 이런 여성적인 면을 알고 표현하게 되면 그 자신이 점점 성숙해질 뿐 아니라 여성들을 더 잘 이해하는 법을 배우게 된다.

오디세우스, 자신 안에 내재한
여성성을 발견하다

—

남자가 적절한 경계를 판단할 줄 알고 더불어 여성에 대해 진정성 있는 친밀감을 갖고 대하면 새로운 관계가 가능해진다. 그로써 존경과 평등, 상호보완성과 사랑에 바탕을 둔 관계가 가능해진다. 이것이 바로 오디세우스가 헤르메스의 도움을 받아 경험한 '남성적 성숙함'이다. 이 신성한 남성이 우리의 영웅에게 적절한 남성적 행동과 여성들과의 관계에 대해 한 수 가르쳐 준 것이다.

오디세우스에게 지하세계를 방문하라고 한 키르케의 조언은 직관에 의한 여성적 지혜를 나타낸다. 그녀는 오디세우스가 자신의 내면의 여정을 더 멀리까지 밀어붙임으로써 오랜 세월 동안 감추어 두었던 상처들과 죽음의 진실을 만나고 지하세계 방문을 통해 삶을 새롭게 재평가해야 한다는 점을 이야기하고 있다. 그녀는 또한 오디세우스가 지하세계를 방문한 이후 만나게 될 세 가지 운명적인 도전을 예측하고 대비하도록 도와준다.

아니마의 두 번째 힘은 정신적인 안내로 나타난다. 오디세우스가 여성성을 접하는 경험은 여신들에 의해 시작된다. 여신 아테나를 비롯한 여러 여신들로 표현되는 여성성은 오디세우스가 마음속 환상에 굴하지 않고, 신성을 만나고, 정신의 성역까지 여행하도록 돕는다. 신들 중 가장 강력한 신 제우스의 딸인 아테나는 그의 운명을 인도하는 신성한 여성이다.

여신의 도움과 오디세우스의 노력으로 그는 마침내 자신 안에 내재한 여성성을 발견하게 되는데, 이는 귀향의 여정에서 얻은 엄청난 성과다. 이제 그는 두려움을 인내와 사랑으로 바꿀 줄 알고 자신 안의 여성성을 활용할 줄 알게 되었기 때문이다. 바야흐로 새로운 가능성이 그의 정신 안에서 깨어나는 것이다

여성성을 받아들이는 법 배우기

—

나는 자신의 결혼생활이 결코 끝나지 않는 전쟁이라고 묘사하는 남자를 안다. 그의 아내는 심하게 상처 입은 여성으로 폭발적인 비판과 분노와 원망으로 그를 대한다. 결과적으로 그는 첫째 미성숙한 자기 내면의 여성성, 둘째 키르케가 처음에 그랬던 것처럼 미성숙하게 행동하는 외부의 여성성, 이 두 가지를 동시에 부담으로 짊어지게 된다.

또한 나는 자신의 아내에게 결혼생활의 주도권을 빼앗긴 채 가정사의 온갖 중요한 결정에서 밀려나 있는 다른 남자를 안다. 그는 화가 날 때가 많고 속으로 자주 투덜대지만 겉으로는 전혀 내색하지 않고 아내를 인정해 준다. 이런 식의 갈등과 전쟁은 마치 고약한 저주와도 같아 마력이 깨지기 전까지 계속될 것이다. 그 마력은 남

자의 인내다. 아내가 싸움을 걸어 와도 남자가 반응을 보이지 않으면 전투는 머지 않아 끝날 것이다.

남성은 여성과의 관계에서 진정한 평등을 배우고 느껴야 한다. 나이를 먹으면서 무의식적으로 품고 있는 여자에 관한 왜곡된 이미지를 수정할 때까지 자기 외부와의 관계에서 갈등과 오해가 끊이지 않을 것이다.

다행히 남자들과 여자들이 나이를 먹어 감에 따라 그들은 각자 나이에 걸맞은 본능적 성숙과 개인적 특질, 그리고 자주성을 획득하게 된다. 그들은 성적, 사회적, 역사적 판타지들에 휩쓸리기보다 그들 자신이 되고, 여러 면에서 다름에도 불구하고 서로 친구가 되고 평등해진다. 이것 또한 나이듦의 과제다.

이렇게 해서 남자들은 나이를 먹어 가며 온유함을 배우게 된다. 본능적인 남성적 욕구가 쇠퇴하고 중요성이 줄어들면서 남자들은 여성적 잠재성에 채널을 맞추게 된다. 세심해지고, 동정적이 되고, 남을 돌봐 주고 싶은 마음이 많아지고, 생각이 유연해지고, 다정해진다. 그럼으로써 많은 남자들이 배우자와 가족에 대해서 뿐만 아니라 서로에 대해서도 사랑과 관심을 좀 더 적극적이고 허심탄회하게 표현하게 될 것이다. 이것은 성과 권력을 위한 경쟁이 보편적인 사랑으로 승화되는 동안에 일어나는, 나이듦의 위대한 선물들 가운데 하나다.

오디세우스와 우리 남성들은 반드시 무의식적으로 여성을 지나치

남자답게 나이 드는 법

게 단순화하거나 두려운 대상으로 인식하는 습관을 버리고 이제 여성성을 친구이자 협력자로 받아들여야 한다. 그것이 바로 아니마에 접근하는 지름길이다. 세상은 이 의식 안에서 바뀐다.

죽음에 대한
진지한접근

키르케의 조언대로 오디세우스는 곧 하데스로 떠난다. 일행은 칠흑 같은 어둠을 뚫고 넓은 바다를 건너 마침내 나무가 빽빽하게 드리워진 원시림에 이른다. 페르세포네의 숲이라고 알려진 이곳은 플레게톤 강과 스틱스 강의 지류인 코키토스 강이 만나는 지점에 있는데 두 강 모두 아케론 강으로 흘러간다.

두 강이 만나는 곳에서 큰 바위를 발견하자 키르케가 알려준 대로 구덩이를 파고 우유와 포도주를 제물로 바치고 지옥의 신 하데스와 페르세포네에게 기도를 올린다. 고향으로 돌아가면 죽은 자들을 위해 더 많은 제물을 바치겠노라는 맹세도 잊지 않는다.

그런 후에 숫양과 검정 암양의 목을 친다. 검붉은 피가 구덩이에 흘러내리자 죽은 자들의 영혼이 한꺼번에 미친 듯이 위를 향해 움직이기 시작한다.

스틱스 강을 건너며
요아힘 파티니르 | 1515~1524년 | 프라도 미술관

피 냄새를 맡고 맨 처음 나타난 이는 오디세우스 일행이 키르케의 저택을 떠나올 때 지붕에서 떨어져 죽은 청년 엘페노르다. 당시 그들은 서둘러 키르케의 집을 빠져나오느라 그의 장례를 제대로 치러 주지 못했다. 방황하는 그의 영혼은 격식을 갖춰 장례를 치러 줄 것을 요구하고 오디세우스는 그의 부탁을 들어주기로 약속한다. 이어 오디세우스는 어머니의 혼백과 만난다. 깜짝 놀란 오디세우스는 어머니와 이야기를 나누려 하지만 그러지 못한 채 테이레시아스의 혼령과 만나게 된다. 잠시 환기하자면 테이레시아스는 키르케가 저승에서 유일하게 분별력을 가고 있는 인물이라며 그에게 미래를 물어보라고 말한 예언가다.

테이레시아스는 오디세우스에게 칼을 치울 것을 호령하고 구덩이에서 양의 피를 마신 뒤 예언을 시작한다.

"너의 귀향이 고통스러운 것은 포세이돈이 막고 있기 때문이다. 그는 네가 자신의 사랑하는 아들 폴리페모스의 눈을 멀게 한 것에 대해 매우 화가 나 있다."

테이레시아스는 포세이돈의 분노가 어디에서 비롯되었는지 상기시키고 부하들만 잘 단속하면 무사히 고향으로 돌아갈 것이라며 격려한다. 이후 여정에서 만나게 될 위험들을 피할 방법도 자세히 알려준다. 그 뿐만 아니라 기이한 예언과 여기에 관련된 의식에 대해서도 자세히 설명한다.

"고향에 도착하자마자 너는 노를 어깨에 메고 또다시 여행을 떠나야 한다. 바다에 대해 전혀 알지 못하는 사람들이 사는 곳에 도달할 때까지 걷고 또 걸어라. 그러다 노를 보고 곡식의 낟알을 터는 '도리깨'라고 말하는 이를 만나거든 그 자리에 노를 박고, 숫양과 황소, 수퇘지를 포세이돈을 위해 제물로 바쳐라."

테이레시아스는 또한 오디세우스가 장수하면서 영화를 누린 다음 바다 근처에서 평화롭게 죽게 될 것이라고 덧붙인다.

마지막으로 오디세우스는 자신의 어머니의 혼령과 이야기를 나누고 싶다고 말한다. 테이레시아스는 제물의 피를 마시면 혼령이 살아서의 기억을 회복한다고 알려준다. 오디세우스는 테이레시아스의 도움으로 자신의 어머니와 대화를 나누게 된다. 그는 어머니가 어떻게 돌아가시게 되었는지, 자신의 아내와 아들, 아버지는 어떻게 지내고 있는지 묻는다. 어머니에게서 가족의 현재 상황과 그들이 얼마나 자신을 그리워하는지를 듣고 오디세우스는 걷잡을 수 없는 슬픔에 잠긴다. 어머니가 "내게서 생명의 영을 빼앗아 간 건…… 너를 향한 지독한 그리움이었단다"라고 털어놓는 순간에는 가슴이 찢어질 듯 아파한다. 크게 상심한 오디세우스가 어머니를 포옹하려고 하지만 어머니는 혼령이므로 실패하고 만다.

슬픔에서 벗어난 뒤 오디세우스는 죽은 영웅들과 그 아내들을 방문하는 것도 잊지 않는다. 트로이 전쟁 당시 그리스군 총사령관이었던 아가멤논은 아내와 정부에게 살해당했다. 죽어서도 그는 복수하겠다는 일념을 버리지 못하고 있다. 용맹한 전사 아킬레우스는 더 이상 전쟁에서 영광을 구하는 용맹한 자가 아니다. 자신의 죽음을 아쉬워하며 가난한 농부의 노예로라도 오래 살아 보고 싶어 하는 보통 사람일 뿐이다. 이 밖에도 오디세우스는 아들과 동침한 뒤 자살한 오이디푸스의 어머니, 산꼭대기로 영원히 바윗돌을 밀어 올리는 벌을 받은 시시포스 등을 만난다. 죽은 자들은 대부분 자신이 살지 못한 삶에 집착하고 이루지 못한 소망을 되새기며 살고 있다. 그래서 하데스는 지난날에 대한 후회, 이루지 못한 꿈, 복수와 질투심으로 가득차 있다. 죽은 자들의 영혼이 오디세우스 주위에서 무리를 지어 절망적으로 아우성치자 그는 공포에 질려 배로 도망친 뒤 부하들에게 얼른 강을 건너가라고 명령한다.

세상에서 가장 불편한 진실, 죽음

—

유난히 길고 감동적인 이번 이야기에서, 오디세우스는 위대한 변신을 경험하기 위해 지옥의 문을 연다. 그곳은 전쟁 영웅인 그에게도 생소하고 어둡고 으스스한 곳이다. 이제 그는 죽음과 환생의 영역으로 들어섰다. 오디세우스가 저승세계를 여행한다는 것은 삶과 죽음의 경계를 경험하는 계기이며 이는 온전한 존재가 되기 위한 하나의 과정이다.

'죽음'이라는 단어를 보는 순간, 다음 장으로 책장을 넘기고 싶은 마음이 드는 이도 있을 것이다. 죽음의 문제를 이야기하는 것은 언제나 유쾌하지 않은 일이라는 데 나 역시 동의한다. 그러나 이제 우리는 죽음에 대해 이야기할 시간이다. 좀 더 분명하게 표현하자면 나의 죽음에 대해 구체적으로 생각해 봐야 할 순간이다. 오디세우스의 하데스 방문 이야기가 우리 자신의 죽음의 문제와 대면하는 자리가 되기를 바라면서 이야기를 계속 이어 나가고자 한다.

그리스 신화에서 하데스는 지옥의 신으로 세상을 나누는 세 형제들 가운데 하나다. 제우스는 하늘을, 포세이돈은 바다를, 하데스는 지하세계를 다스린다. 오디세우스가 지하세계에 도달하느라고 통과한 어두컴컴한 땅은 고대 그리스인들이 죽음을 음침한 것으로 보았다는 점을 반영한다.

잘 알고 있는 것처럼 제우스와 데메테르의 딸 페르세포네는 하데스에 의해 납치되어 강제로 결혼식을 올린 비련의 여인이다. 그 결과 그녀는 일 년 중 네 달을 대지가 메말라 죽은 것 같은 차갑고 음울한 지하세계에서 살아간다. 바꿔 말해 호메로스에게 하데스는 어둠의 신이자 음침한 지하세계로서 죽음의 의미뿐만 아니라 살아서의 문제들과 고통을 가두어 두는 곳을 의미한다.

오디세우스는 이 지하세계로 가는 문을 열기 위해 희생제물과 기도를 올린다. 짐승들이 제물로 바쳐진 것은 그 영들이 저승에 메시지를 전하게 하거나 신들의 후원과 협조를 얻기 위해서다. 피는 생명의 상징이므로 고대에는 피를 흘린다는 것은 매우 강력한 의미의 의식이었다. 죽은 자들에게 피를 마시게 하면 그들이 잠깐 생명을 회복한다고 믿었고, 피는 그들을 앞으로 나서도록 북돋아 주는 힘이었다. 일단 지하세계가 열리면 그곳의 거주자들과의 접촉이 가능해지는 것이다.

납치당하는 페르세포네

루카 지오르다노 | 1684~1686년 | 팔라초 메디치 리카르디

지하세계를 방문하는 것은 다른 신화에서도 발견된다. 오디세우스뿐만 아니라 헤라클레스를 비롯한 그리스 신화 속 영웅들은 거의 모두 지하세계를 방문한다. 이 여정의 목적은 주로 죽은 자를 데려오거나 미래의 일을 알아보기 위해, 혹은 영웅다운 영웅이 되기 위해 겪는 일종의 통과의례다. 오디세우스는 키르케의 충고로 그리스 최고의 예언가 테이레시아스를 만나 자신의 미래를 알아보기 위해 지하세계를 방문했다. 그리고 그곳에서 만난 사람들을 통해 삶의 태도와 가치에 큰 변화가 생긴다. 어쩌면 이런 변화를 위해 그를 하데스로 보낸 것인지도 모른다.

그가 그곳에서 만난 많은 영웅들은 사실상 그가 풀어야 할 문제들, 극적인 사건들, 그리고 그가 화해해야 하는 과거의 사람들을 상징한다. 그리스 최고의 예언가로 사람의 내면을 꿰뚫는 날카로운 통찰력을 지닌 예언자 테이레시아스에게 도움을 구하러 보내진 일도 놀랄 일이 아니다. 이 모든 가닥들을 간추리면 죽음과의 대면이 우리 영웅의 변신을 위한 내면의 여정에 불을 댕긴다는 사실을 알 수 있다.

우리들 대부분이 그런 것처럼 오디세우스는 위험에 처하자 지하세계에서 도망치고 만다. 그럼에도 우리는 그가 권력과 영광을 뒤쫓다가 쓰러진 뒤 자신들의 행위에 대해 후회하며 끔찍한 고통을 겪고 있는 아가멤논과 아킬레우스를 관찰하면서 전사로서의 가치관에 의문을 품기 시작했다는 것을 알 수 있다. 이는 성숙이 시작되었다는 신호다. 그는 키르케의 궁전을 떠날 때 죽은 젊은이에게 보상을 해줄 뿐만 아니라 자신이 눈을 멀게 만든 키클롭스의 아버지 포세이돈을 달래 줘야 한다는 점을 배우는데 이 또한 성숙의 증거다. 죽음의 경험이 우리를 바꾸듯이 이 경험은 오디세우스를 변화시키고 있다. 더 나아가 그는 또한 전사의 삶이 어머니와 아내, 아들에게 어떤 영향을 끼쳤는지에 대해 생각해 보게 된다.

인생에 대한 뜻깊은 검토와 반성

—

죽음에 대해, 그것도 자신의 죽음에 대해 진지하게 생각하는 이는 많지 않다. 모든 인간은 언젠가는 죽는다는 사실을 모르는 이는 없지만 언젠가 내가 죽을 거라는 사실을 인정하기는 쉽지 않다. 간혹 장례식장을 방문한 뒤 느끼는 복잡한 심정을 생각해 보자. 그때의 경험은 살아가면서 나로 인해 발생한 상처와 실수들을 되짚어 보는 고통스럽고도 심오한 과정이며 삶의 의미와 감정들에 귀를 기울이는 과정이다. 죽음이 나의 문제라는 것을 인정하고 자신의 미래에 일어날 일이라는 사실을 직면하는 데는 큰 용기가 필요하다.

물론 지하세계 여행은 사뭇 황당한 이야기다. 그러나 우리에게 현재의 삶 이후의 세계에 대한 생각이 반드시 필요하다. 그것은 곧 하루하루를 보다 진지하게 살아가는 힘이 될 것이기 때문이다.

남자답게 나이 드는 법

경험해 본 사람들은 알겠지만 죽음이 다가오고 있음을 알면 가치관과 목표들이 현저하게 바뀐다. 그러므로 지하세계 방문은 자신이 살아온 인생에 대한 뜻 깊은 검토와 반성, 재검토의 시간을 의미한다. 이러한 시간을 통해 남자는 참된 성숙과 지혜를 익히게 된다. 이런 경험을 통해 얻어진 삶은 귀중하고도 새롭다. 어떻게 해서든 우리는 죽은 자들이 있는 지하세계로 내려가듯 '깊이 들어가' 새로운 모습으로 바뀌어 돌아와야 한다. 이것이 통과의례의 궁극적인 의미다.

집으로 돌아오기 위해서는 우리는 발걸음을 멈추고 삶을 점검하고 현실적이면서도 피해갈 길 없는 자신의 죽음을 대면해야 한다. 이 과정이야말로 남자를 성숙한 어른으로 만드는 소중한 시간이다.

판타지 내려놓기

지하세계를 방문한 뒤 오디세우스와 부하들은 바닷길을 되짚어 키르케의 섬으로 돌아온다. 섬에 도착하자 오디세우스는 부하들을 궁으로 보내 엘페노르의 시신을 가져오게 하고 하데스에서 떠도는 영혼이 된 그를 위해 예를 갖추어 장례를 치러 준다.

무사히 돌아온 오디세우스의 부하들을 보자 여신 키르케는 "죽은 자만이 가는 곳인 하데스에 살아서 다녀온, 그리하여 남들은 한 번 죽는데 두 번 죽는 대단한 남자들"이라고 칭송한다. 그러고 나서 먹을 것을 준 다음 앞으로의 도전에서 어떻게 하면 살아남을지에 대해 말해 준다.

그들이 맨 먼저 이겨 내야 할 것은 세이레네스 자매다. 이들의 노래를 들으면 어느 누구도 살아 돌아갈 수 없다.

오디세우스와 세이레네스

존 윌리엄 워터하우스 | 1891년 | 빅토리아 국립 미술관

노래를 듣는 순간 고향이고 가족이고 모두 잊고 오직 그들에게 가까이 가려다가 바다에 빠져 죽음에 이르게 된다. 키르케는 오디세우스에게 부드러운 밀랍으로 선원들의 귀를 막아 노래를 듣지 못하게 하라고 당부한다. 그리고 만약 오디세우스만이라도 노래를 듣고 싶다면 돛대에 몸을 단단히 묶은 뒤 들으라고 한다. 단 그가 노래를 듣고 풀어 달라고 애원해도 절대 풀어 주지 말 것을 부하에게 미리 당부한다. 곧 그들은 세이레네스를 만나고 오디세우스는 돛대에 몸을 묶인 채 노래를 듣는다. 놀랍게도 사이렌의 노래는 오디세우스의 이야기다.

"가까이 오세요. 전설의 영웅 오디세우스여.

그리고 우리의 노래를 들어 보세요.

멈춰서서 우리의 노래를 듣지 않은 사람은 단 한 사람도 지금껏 없었답니다.

우리는 신들이 그리스인들과 트로이 사람들에게 지운 고통에 대해 모두 알고 있어요.

우리는 이 전쟁이 야기할 일들에 대해서도 모두 말해 줄 수 있답니다."

사이렌의 노래는 오디세우스의 가슴을 파고들고 그동안 겪은 수많은 고통과 고난을 떠올리며 그는 사이렌에게 다가가려 몸부림친다. 다행히 부하들이 키르케의 말대로 그를 제지해 오디세우스는 사이렌의 달콤한 노래를 듣고도 살아남는다.

'불멸'에 대한 환상에서 벗어나기

—

죽음이라는 주제를 꾸준히 파고드는 과정에서 오디세우스는 마침내 엘페노르와의 약속을 지킨다. 진작 치러 주었어야 했던 장례를 예를 다하여 치러 준 것이다. 키르케는 선원들이 하데스에 다녀온 일 자체가 일종의 죽음이며 이런 경험을 선택하는 남자들은 드물다고 언급한다. 이 말은 함축적인 의미를 담고 있는 매우 흥미로운 논평이다. 하데스에 다녀온 것이 일종의 죽음이라는 것은 인간이 한 번 죽은 것이 아니라 두 번 죽을 수도 있다는 것을 의미하기 때문이다. 또 다른 죽음은 아이러니하게도 '불멸'에 대한 환상이다. 죽음에 다가가지 않으려는 발악이 인간이 겪어야 할 또 한 번의 죽음이라는 것은 놀라운 깨달음이다.

불멸에 대한 환상은 나이가 들어 빠져드는 매혹적인 판타지다. 스포츠카에 집착한다든지, 젊은 여자에게 빠져든다든지, 젊어지기 위해 성형으로 대변신을 꾀한다든지, 워커홀릭이 되어 무리하게 일을 추진한다든지 하는 등의 일들이 그 예다.

나이가 들어서도 가능한 한 젊음을 유지하고자 노력하고 죽음의 방문을 지연되길 바라는 것은 일종의 판타지다. 이런 판타지가 물론 잘못된 것은 아니다. 다만 이런 판타지들이 정신적 성숙을 늦출 수 있다는 얘기다. 마치 사이렌의 달콤한 노래에 빠져 죽음에 이르는 것처럼 말이다. 다행히 오디세우스는 호기심이 동해 사이렌의 노래를 듣지만 현명하게 자신을 지켜 낸다. 이는 그가 점점 성숙해 가고 있다는 또 하나의 신호다.

죽음은 먼저 친구의 모습으로 다가와 우리에게 삶을 점검하라고 요구한다. 그런 다음 선생님이 되어 우리에게 자아가 영원하지 못하다는 점을 상기시켜 주며, 마지막으로 현자로 와서 우리에게 자아 너머에 있는 새로운 세계로 안내한다. 죽음은 우리를 일깨우려고 온다. 그러므로 죽음에 대한 두려움 때문에 새로운 환상들 속에 숨지 말자. 평생토록 지녀온 환상에서 깨어나는 일은 나이를 먹어 가면서 마주하게 되는 가장 큰 과제다.

남자답게 나이 드는 법

내면의 '스킬라'와 '카립디스' 죽이기

키르케는 또 오디세우스가 곧 깎아지른 듯한 바위 두 개가 마주 보며 우뚝 서 있는 메시나 해협을 지나게 될 것이라 귀띔해 준다. 이곳에는 괴물 스킬라와 카립디스가 살고 있다.

스킬라는 허리까지는 여성의 모습을 하고 있고, 그 아래는 여섯 개의 긴 목과 턱을 가진 개의 머리와 열두 기의 다리가 달린 괴물이다. 목은 뱀처럼 길며 여섯 마리의 개들은 날카로운 상어 이빨을 가지고 있다. 이 해협에서 가장 높이 솟아 있는 암초 속의 동굴에 살고 있는데, 스킬라는 동굴 밖으로 머리를 화살처럼 발사해 눈 깜짝할 사이에 배를 타고 그곳을 지나가는 이들을 입 하나에 한 사람씩 낚아챈다.

스킬라가 사는 맞은편 바위에는 무화과나무 한 그루가 서 있는데, 그 아래에 카립디스가 산다. 카립디스는 예전에 어여쁜 물의 님프였으나 제우스의 노여움을 사서 괴물이 되어 버렸다. 그녀는 하루 세 번씩 엄청난

스킬라와 카립디스 앞의 오디세우스
요한 하인리히 휘슬리 | 1794~1796년 | 취리히 쿤스트하우스

양의 물을 삼켰다 뱉었다 하며 소용돌이를 일으켜 배를 가라앉게 만든다.

키르케는 해협을 통과할 때 배를 카립디스브다 스킬라 쪽에 붙어서 가라고 조언한다. 배와 부하들을 몽땅 잃는 것보다 여섯 명을 잃는 게 더 낫기 때문이다. 오디세우스는 스킬라와 맞서 싸우고 싶어 하자 키르케는 그에게 경고한다.

"무모한 사람 같으니라고. 그대의 마음은 여전히 전쟁으로 가득 차 있구나. 신들에게조차 양보하지 않을 정도로 말이야! 그녀를 대적할 길은 없어. 그녀에게서 도망치는 게 상책이야."

키르케의 말대로 오디세우스는 메시나 해협을 지날 때 스킬라 쪽에 가깝게 항해한다. 그리고 결국 스킬라에게 여섯 명의 부하들을 잃는다. 순식간에 부하들을 낚아채 잘근잘근 씹어서 먹어 치우는 모습은 그때까지 오디세우스가 본 가장 참혹한 광경이었다.

충동적이고 즉각적인 남성적 반응을 조절하는 방법

—

앞에서 이야기한 것처럼 키르케는 오디세우스 안에 존재하는 여성성을 상징한다. 오디세우스가 심리적으로 성숙해지자 키르케는 무서운 마녀에서 협조자로 바뀌어 매우 현실적인 조언을 해준다. 오디세우스가 스킬라와 맞서 싸우는 대신 키르케의 경고를 받아들였다는 것은 그가 남성 특유의 즉각적이고 충동적인 반응을 조절하는 법을 배우고 있음을 의미한다. 살아가면서 사이렌의 달콤한 노래를 거부하는 것은 결코 쉽지 않은 도전이다. 사이렌은 우리가 그토록 바라는 영원한 삶과 행복을 의미하기 때문이다. 그런데 사이렌의 노래를 거부하는 것만큼 힘든 도전이 바로 두려움을 극복하는 것이다. 스킬라는 다른 사람의 트집을 잡고, 비난하고, 모욕하고, 겁주면서 위협하는 악의에 가득 찬 우리의 모습을 상징한다. 그녀가 우리에게 퍼붓는 말이 거의 들릴 지경이다.

"넌 형편없어. 넌 쓸모없는 존재야. 제대로 하는 게 하나도 없어. 넌 실패하게 돼 있어!"

카립디스는 무언가에 실패한 뒤 아무에게도 사랑받지도 못하고 아무런 가치도 없는 존재라고 느낄 때 경험하는 참담함과 우울을 상징한다. 어쩌면 이와 같은 부정적인 정서들이 우리의 욕구를, 그러니까 우리의 사이렌 판타지를 조종하는지도 모른다. 곰곰이 생각해 보자. 두려움을 가리기 위해, 두려움을 느끼고 있는 자신을 인정하지 않기 위해 달콤한 판타지에 빠져드는 것은 아닐까?

달콤한 환상과 부정적인 감정들을 극복하는 일이 고향으로 돌아가는 여정에 오른 오디세우스의 변신에 얼마나 중요한지는 두말하면 잔소리다. 이 영역에서 우리가 해야 할 일은 우리의 의식이 위 두 가지 형태의 환상 가운데 어느 쪽에도 점령당하지 않도록 예방하는 것이다. 그리하여 이따금씩 자기혐오와 패배의 목소리가 들려와도 흔들리지 않아야 한다.

남자답게 나이 드는 법

인생은 슬로모션으로 진행되는 깨우침의 과정이다

—

　인생은 선택의 연속이라는 말처럼 살다 보면 곤란한 상황에 처해 선택의 기로에 서는 경험을 하게 된다. 직장이나 일을 언제 그만두는 것이 좋은지, 그만둔 뒤 어떻게 살아갈지, 몸이 아플 때 어떤 치료를 받을 것인지 등과 같이 정답이 없는 문제들을 결정하는 것은 결코 쉬운 일이 아니다. 그런 경험은 우리의 평정심을 흐트려 우리를 스킬라와 카립디스에게로 데려간다. 그럴 때 부정적인 정서에 빠지지 않고 꿋꿋하게 키를 붙잡고 있는 것이 바로 깨어남의 과정이다. 이 깨어남의 시작은 나이듦의 여정에서 매우 중요하다.

　나는 은퇴를 몹시 갈망하지만 한편으로 재정적 곤란을 겪게 되어 아내로부터 날카로운 비판을 당할 길을 두려워하고, 다른 한편으로는 여가 시간을 어떻게 보내야 할지 알지 못해 무기력에 빠진 남자를 알고 있다. 그는 아내와의 사이어 갈등이 빚어질 경우 자신의 감정에 충실해 본 적이 한 번도 없었다. 갈등 그 자체가 싫어 아내가 원하는 대로 결정하기 때문이다. 그의 처지는 스킬라와 카립디스 해협에 서 있는 것과 다름없다. 이것은 비단 그만의 상황은 아니다. 나이를 먹는다는 것은 스킬라와 카립디스 해협을 통과하는 것과 같다. 스킬라는 우리에게 가치 있는 일을 하나도 안 하면서 시간만 낭비하고 있다고 혹독하게 비판을 가할 것이고 카립디스는 너무 늦었다며 우리를 이미 실패한 자라고 규정하고 깎아 내릴 것이다. 우리 중 어느 누구도 이런 고통을 전혀 경험하지 않고 나이 들어가는 이는 없을 것이다.

두려움과 우울은 도저히 피해갈 수 없는 우리의 현실이다. 그것들이 우리 생을 규정하거나 좌지우지하도록 방치해서는 안 된다. 나이 듦의 여정은 슬로모션으로 진행되는 깨우침의 과정이며, 우리가 두려움을 극복할 때마다 또 다른 세상으로 나아가게 된다. 그곳은 정말 멋진 곳이다.

남자답게 나이 드는 법

정신적인
깨달음에 대하여

앞에서 키르케와 테이레시아스는 오디세우스에게 태양신 헬리오스가 사는 트리나키아 섬의 방문에 대해 주의를 준 바 있다.

"아름다운 섬 트리나키아에서는 여신들이 양떼 7무리와 황소 7마리를 돌보고 있어요. 새끼를 낳지도 않고 죽지도 않는 신기한 동물들이지요. 만약 이 중 한 마리라도 해치게 된다면 그 누구라도 신들로부터 혹독한 벌을 받게 될 거예요. 당신과 부하들이 가축들을 해치지 않는다면 고생을 하더라도 무사히 고향으로 돌아갈 수 있어요."

오디세우스는 이 무서운 예언을 부하들에게 들려준다.

마침내 오디세우스와 부하들은 트리나키아에 닿는다. 오디세우스는 키르케의 말이 신경 쓰여 섬을 피해 가자고 하지만 부하들은 몹시 지쳤다며 그녀가 준비해 준 식량을 먹으며 하룻밤만 쉬어 가자고 말한다. 오디세우스는 양이나 황소를 한 마리도 잡으면 안 된다는 맹세를 받은 뒤에야

헬리오스의 소들을 강탈하는 오디세우스의 동료들

펠레그리노 티발디 | 1554~1556년 | 팔라초 포지 박물관

그들의 제안을 받아들인다. 하지만 저녁이 되자 무시무시한 돌풍이 휘몰아치고 폭풍우가 쏟아진다. 비는 한 달 내내 계속 내려 일행은 섬에 발이 묶이고 만다. 결국 키르케가 준비해 준 식량은 바닥나고 오디세우스의 부하들은 새와 물고기를 잡아먹는다. 그러던 어느 날 오디세우스가 혼자서 기도를 드리러 갔다가 그곳에서 깜빡 잠이 든 사이, 며칠 동안 배를 곯은 그의 부하들이 마침내 여신들이 키우는 소와 양 몇 마리를 잡아먹기로 결정한다.

고기 굽는 냄새에 잠이 깬 오디세우스는 그제야 사태를 짐작하고 수습책을 고민하지만 돌이킬 방법이 없자 절망에 빠진다. 그사이 소를 돌보던 요정이 헬리오스에게 달려가 이 사실을 알린다. 헬리오스는 이 어처구니없는 죄를 엄중히 처벌할 것을 제우스 신에게 고한다. 제우스는 오디세우스 일행이 일단 바다로 나간 다음 번개를 내려 그 배를 부수고 부하들을 멸하기로 동의한다. 이 사실을 알지 못한 채 오디세우스의 부하들은 엿새 동안 포식한다.

그들은 일곱째 날 마침내 섬을 떠난다. 그리고 얼마 후 무시무시한 풍랑이 몰아닥쳐 배는 산산이 부서지고 선원들은 모두 물에 빠져 죽고 만다. 오디세우스는 폭풍 속에서 자기 몸을 배의 용골과 돛대에 붙들어 맨 뒤 살아남기 위해 죽을힘을 다해 버틴다.

그는 결국 스킬라와 카립디스 해협으로 되돌아오게 되고, 거기서 카립디스가 그의 작은 뗏목을 삼켰다 뱉어내는 동안 무화과나무 가지를 붙잡고 안간힘을 써서 매달린다. 극적으로 목숨을 구해 다시 뗏목에 기어오른 오디세우스는 열흘 동안 노를 저어 칼립소의 섬 해안에 닿는다.

깨우침을 얻기 위해 가진 것을 내려놓기

—

그리스 신화에서 헬리오스는 빛의 신, 동방의 타이탄, 또는 태양의 신 등의 다양한 이름으로 알려져 있다. 빛, 동방, 태양의 언급은 신성한 의식의 존재, 그리고 이와 관련된 깨우침의 가능성을 시사한다. 태양신이 죽지도 않고 새끼도 낳지 않는 가축들을 돌보는 섬은 탄생과 죽음으로부터 자유로운 초자연적 영역을 암시한다.

일곱 무리의 양, 일곱 마리의 황소, 일곱째 날의 파멸 등에서 계속 언급되는 '일곱'이라는 숫자는 흔히 종교적 신념과 결부되어 있다. 칠 일 동안의 창조, 천주교의 일곱 가지 성사, 일곱 개의 천국, 칠대 죄악, 일곱 차크라(사람 몸의 여러 곳에 분포한 정신적 힘의 중심점 가운데 하나. 힌두교와 탄트라 불교의 일부 종파에서 행해지는 신체수련의 중요 개념)……. 이를 통해 우리는 하데스의 반대 개념인 성스러운 영역에 이르게 된다. 트리나키아 섬은 놀라운 정신적 깨달음이 있는 곳이다.

그런데 트리나키아 섬이 깨우침의 가능성을 상징한다면 오디세우스는 왜 거기서 잠이 들고 말았을까? 그가 신성의 경험과 함께 찾아오는 의식의 확장과 성장에 아직 제대로 준비가 돼 있지 않았기 때문이라고 보아야 할 것이다. 오디세우스가 잠이 든 사이 결국 그의 부하들은 맹세를 저버리고 여신들의 소와 양을 잡아먹는다. 그리고 그로 인해 제우스가 내리는 가혹한 형벌을 받는다. 오디세우스가 의식을 잃은 것은 그의 어리석은 부하들르 상징되는 그 자신의 부족한 측면으로 하여금 그 끔찍한 예언에 걸맞게, 실제로 미성숙하게 행동하게 했음을 의미한다.

그럼에도 우리는 왜 신들이 오디세우스의 부하들로 하여금 계명을 깨뜨릴 수밖에 없는 그와 같은 절박한 상황을 만들어내야 했는지 묻게 된다. 그들이 너무도 배가 고파서 예언이 지닌 위험을 무릅쓰는 무모한 행동을 하게 되기 전까지는 순종적이었는데 말이다. 마찬가지로 우리는 왜 신들이 오디서우스의 기도에 그를 잠이 들게 하는 응답을 해주었는지에 대해서도 묻지 않을 수 없다. 이 역설들은 기독교 성서의 창세기에서 왜 신이 아담에게 선악과나무의 열매를 따먹어서는 안 된다고 경고했는가와 같은 유사한 종교적 질문을 떠오르게 한다. 그건 함정처럼 보일 뿐 아니라 실제로 함정이었다.

죽음이 없는 신성한 섬에서, 가축을 잡아먹은 행위는 깨우칠 준비가 되어 있지 않다는 것을 보여 준다. 죽음에 대한 두려움이 깨우침의 가능성을 중단시키고 생존 본능에 충실하게 만들어 버린 것이다. 결국 이런 행동은 죽음으로 이어진다.

이 와중에도 오디세우스는 목숨을 부지하는데, 이것은 그가 언젠가는 깨우침에 이를 가능성이 있음을 상징한다고 볼 수 있다. 깨우침을 경험하고자 한다면 자신이 가진 모든 것을 놓아 버려야 한다.

나이를 먹어 가면서, 우리가 이 놓아 버림을 추구하든 하지 않든 우리는 결국 놓아 버리게 된다.

깨우침은 가장 절망적인 시간을 뚫고 나아갈 때 일어난다

—

깨우침을 얻는 일은 엄청난 노력이 필요하지만 그렇다고 특별한 사람만이 경험할 수 있는 것은 아니다. 인간은 누구나 자신의 노력으로 신성을 경험할 수 있다. 그리고 그것은 종종 가장 절망적인 시간을 뚫고 나아갈 때 일어난다. 바닥에 닿는 경험은 우리를 환상의 마지막 베일들을 통과하도록 밀어붙인다. 그리고 어느 순간 우리는 갑자기 빛을 보게 된다. 이런 신비스러운 경험에서, 우리는 세상과 세상 안의 모든 것들이 사실상 있는 그대로 완벽하고 성스럽다는 것을, 그리고 우리는 부족한 게 없고 필요한 모든 것을 이미 가지고 있다는 점을 깨닫는다. 다시 말해, 우리는 이미 성역에 있는 것이다. 어떻게 이런 일이 일어날 수 있을까?

깨우침은 갑자기 또는 서서히 일어난다. 갑자기 일어나는 경우는 그야말로 극적이고 예기치 않게 찾아온다. 반대로, 서서히 일어나는 경우는 여간해서는 감지하기가 어렵고 실제로 간과해 버리는 경우도 있다.

여기서 잠시 연습을 통해 후자의 경우를 한번 곱씹어 보자. 마음의 긴장을 풀고 삶이라는 드라마를 잠시 멈춘 채 주위에 있는 것들을 느껴 보라. 마음으로가 아니라 감각으로 경험하는 것이 중요하다. 그러기 위해 무엇이든 당신의 주의를 끄는 것을 자세히 살펴보라. 예컨대, 빛이 탁자에 비추어지는 모습이나 환기구에서 공기가 활발히 움직이며 내는 소리, 자신의 편안한 호흡의 리듬, 그것을 바라보고 느끼는 시선의 각도와 자세, 책상 위의 펜 따위를 말이다. 그런 다음 스스로에게 질문을 던져 보라. '만일 이게 그 깨우침이라면?' 그러나 무언가에 대해 골똘히 생각하려고 하지는 마라. 그냥 집중하라. 생각하지 않고 집중하는 것이 가장 어렵다고들 하는데, 이 감각의 순간이 깨우침으로 가는 출입구다. 깨달음은 늘 이런 방식으로 일어난다.

나는 비교적 간단한 방법으로 신비스러운 의식에 도달한 경험이 있다. 생각을 멈추고, 감각을 최대한 일깨우고, 세상을 있는 그대로 느낀 뒤 자신의 존재를 통해 더 큰 존재로 들어가는 것이다. 이 과정에 몰입하면 세상이 있는 그대로 이미 얼마나 아름답고 평화로운지 보이기 시작한다. 특별한 이유도 없이 행복을 느끼기 시작한다. 생각하고, 계획하고, 준비하고, 상상하는 일을 그만두자 하는 일마다 한결 쉬워졌다는 것을 깨닫는다. 이것은 그야말로 그냥 '깨어난 것'이다.

깨우침으로 가는 두 가지 길

—

나이를 먹어 가면서 우리는 서서히 자신이 가진 것, 자기 자신을 규정하는 것, 자신이 믿는 것들을 내려놓게 된다. 그러면서 우리는 주위의 신성한 세상을 느끼기 시작할 것이고, 그것이 사실은 언제나 가까이에 있었다는 점을 발견하게 될 것이다. 좌뇌의 작동을 잠시 멈춘 채 우뇌가 담당하는 신비스러운 인식의 기능만으로 좀 더 여유를 갖고 찬찬히 살피기만 한다면 말이다. 아무튼 우리는 오디세우스처럼 신성을 경험하기 위해 우리가 알고 믿는 모든 것을 포기하라는 요구를 받게 될 것이다. 만약 우리가 의식적으로 노력한다면 이 경이로운 경지를 향한 능력이 무르익어 우리는 더 쉽게 놓아 버리게 될 것이다. 영원에 이르는 출입구는 얇디얇은 생각의 막으로 숨겨져 있을 뿐이다. 따라서 어느 날 갑자기 문이 열리고 자신이 어디에 있는지, 누구인지 알아보게 될 것이다.

깨우침으로 가는 길에는 두 가지가 있다. 하나는 저항하고 매달리는 것, 다른 하나는 내려놓고 관심을 갖는 것이다. 전자는 고통의 길이요, 후자는 환희의 길이다. 우리가 이 두 가지를 모두 경험할 때만 정신적 성숙의 본질을 궁극적으로 배우게 된다. 그러나 아쉽게도 오디세우스처럼, 우리들 대다수가 집착의 뗏목에 매달려 있느라고 깨우침의 기회를 놓쳐 버린다.

인간은 자아의 이기적인 목적들을 위해 신성을 조종할 수는 없

남자답게 나이 드는 법

지만 왜 이 신성이 우리의 엉성한 계획을 무너뜨리는지는 이해할 수 있다. 죽기 전에 의식적으로 자아를 내려놓고 집착에서 벗어날 수 있게 되면 우리는 깨우침이 점차 확대되는 것을 발견하게 될 것이다. 그리고 여정을 계속해 나가는 동안 다른 어떤 곳도 아닌 바로 이 과정에서 성스러운 차원에 도달하게 될지도 모른다. 절박함에 감각을 열어 놓으면 의식이 세상을 바꿀 수도 있다.

자신과 타인을
있는 그대로 사랑할 것

배와 선원들을 모두 잃은 오디세우스는 작은 뗏목에 매달려 겨우 목숨을 구한다. 열흘이 지나 그가 표류한 곳은 여신 칼립소가 사는 오기기아 섬이다. 칼립소는 그를 지극 정성으로 보살핀다. 지칠 대로 지친 오디세우스는 칼립소의 보호를 받으며 서서히 몸을 회복한다. 그러나 그를 돌보다가 사랑에 빠진 칼립소는 그가 섬을 떠나지 못하게 붙잡는다.

그러나 오디세우스가 고향으로 돌아갈 뜻을 포기하지 않자 칼립소는 자신의 남편이 되어 준다면 영원히 죽지 않는 불사의 몸으로 만들어 주겠다고 제안한다. 그러는 사이 시간이 흘러 7년이 지나고 고향에 두고 온 가족에 대한 그리움은 점점 커져만 간다. 그는 날마다 바닷가에 나가 고향을 그리워하며 눈물을 흘린다.

바로 이 부분이 호메로스의 『오디세이아』가 시작되는 부분이다. 오디

오디세우스와 칼립소

아놀드 뵈클린 | 1883년 | 바젤 미술관

세우스가 이 딜레마를 어떻게 풀어 갈지 살펴보는 것이 『오디세이아』의 관전 포인트다.

오디세우스의 진심은 여신 아테나에게 전달되고, 아테나는 자신의 아버지이자 신들이 왕 제우스에게 오디세우스가 고향에 무사히 돌아갈 수 있도록 도와주자고 간청한다. 제우스는 딸의 호소를 받아들여 신들의 사자인 헤르메스를 오기기아로 보내 오디세우스를 안전하게 고향으로 돌려보내라고 명령한다.

칼립소는 이런 결정을 한 신이 원망스러웠지만 자신보다 더 강한 신들의 뜻에 따라 그를 보내 주기로 결심한다. 그녀는 바닷가에 쓸쓸히 서 있는 오디세우스에게 다가간다. 칼립소를 보자 오디세우스는 고향으로 돌아가게 해줄 것을 호소한다.

"제 아내 페넬로페가 죽었다 깨어나도 당신의 미모를 따라잡을 수는 없을 거예요. 저는 그 사실을 누구보다도 잘 압니다. 페넬로페는 한낱 인간이고 당신은 죽지도 늙지도 않는 신인 걸요. 그렇더라도 내가 진심으로 바라고 매일같이 애타게 그리워하는 건 집에 돌아가 귀향의 날을 맞이하는 거예요."

그 말에 칼립소는 찢어지는 듯 마음이 아프지만 결국 오디세우스를 향한 집착의 끈을 모질게 끊어 버리고 그가 집으로 돌아갈 수 있도록 적극 돕는다.

"이제 당신을 고향으로 보내드릴게요. 자, 우선 당신은 도끼로 큰 나무를 베어 넓은 뗏목을 하나 만드세요. 그동안 저는 음식과 옷을 챙길게요."

남자답게 나이 드는 법

삶은 유한하기 때문에 더욱 의미가 있다

—

여신 칼립소는 오디세우스를 구조해 치유하고 회복시킨다. 그녀는 그에게 낙원에서의 불멸의 삶을 약속한다. 그녀는 오디세우스를 사랑할 뿐만 아니라 영원히 그를 원하게 된 것이다. 그러나 오디세우스는 칼립소의 사랑을 받아들이지 않는다.

이 대목은 매우 중요한 의미를 갖는다. 우리는 지금 나이 들어 가는 길목에서 어떻게 나이 들 것인가를 이야기하고 있다. 이 시점에서 누군가가 나타나 영원히 늙지도 죽지도 않게 해준다고 약속한다면, 그것도 낙원과도 같은 곳에서 어여쁜 여인과 영원한 삶을 살 수 있다고 한다면 과연 이 제안을 거절할 용기가 있을까? 오디세우스는 어떤 마음으로 칼립소의 제안을 거절했던 걸까?

만약 인간이 죽지 않는다면, 즉 우리의 삶에서 죽음이 배제된다면 지금 우리가 하는 고민들은 전혀 유효하지 않을 것이다. 당연히 나이 들어 가는 것도 전혀 고민할 필요가 없을 것이다. 그런 관점에서 본다면 어쩌면 우리의 삶은 유한하기 때문에 더욱 의미가 있는 것인지도 모르겠다.

"걷는 것은 넘어지지 않으려는 노력에 의해서, 우리 몸의 생명은 죽지 않으려는 노력에 의해서 유지된다. 삶은 연기된 죽음에 불과하다."

철학자 쇼펜하우어의 말이다.

칼립소의 동굴
얀 브뢰겔 | 1616년

반대로 죽음을 면한다면 그것은 삶을 포기하는 것이나 다름없다.

'어떻게 하면 남자답게 나이들 것인가?'라는 고민 역시 우리의 삶이 유한하기 때문에 유효한 고민이다.

그렇다. 여신 칼립소는 어쩌면 '완벽'할지도 모르지만 어쨌든 그녀는 오디세우스의 아내는 아니다. 그녀의 섬 역시 낙원일지 모르지만 오디세우스에게는 진정한 낙원이라고 할 수 없다. 칼립소는 오디세우스에게 완벽한 현재와 영원한 삶을 줄 수 있지만 '미래'를 줄 수는 없는 것이다. 결국 오디세우스는 '영원함' 대신 '미래'를 택한 것이라고 할 수 있다.

오디세우스가 칼립소의 제안을 거절하고 자신의 아내와 가족, 고향을 애타게 그리워하는 것은 그의 여정에 좀 더 의미 있는 무언가가 있음을 암시한다. 귀향의 여정이란 '인생'을 의미한다. '칼립소'로 대표되는 신성은 어쩌면 '오디세우스'를 비롯한 우리 인간들이 그야말로 '인간적인 삶'을 살아가야 한다는 중요한 의무를 이해하고 항해의 마지막 발걸음을 내딛도록 오디세우스를 놓아준 것인지도 모른다.

완벽이 목표일 때 결코 그것은 내 것이 되지 않는다

나이가 든다고 해서 누구나 깨달음을 얻는 것은 아니다. 깨달음

을 얻지 못한 채 어른이 되어 어떻게 살아갈지 헤매는 경우를 우리
는 주위에서 자주 목격한다. 그럴 경우 우리가 흔히 하는 실수가 자
신이 바라는 노후에 대한 '완벽한' 판타지를 만들어 낸 뒤 거기에 갇
히는 것이다. 위의 이야기에서 낙원에 사는 아름다운 여신 칼립소는
완벽한 판타지를 상징한다. 오디세우스에게는 칼립소라는 여신으
로 나타났지만 어떤 이에게는 멋진 집, 좋은 자동차, 근사한 별장, 훌
륭한 음식, 요트 세계일주 등으로 나타날 수 있다. 이런 판타지는 젊
은 시절 좋은 직장만 있다면 모든 고민이 사라질 것이라고 믿는 것
과 같다. 돈만 있다면 행복해질 수 있을 거라는 기대와 같다. 하지만
잘 알다시피 이와 같은 '완벽한' 해결책들은 실질적인 해결책이 아
니다. 우리가 참된 관계와 참된 삶을 애타게 그리워하기 전까지만
간절할 뿐이다.

깨달음은 바로 이런 판타지를 내려놓는 것이다. 자신의 아내와 가
족을 있는 그대로 사랑하고, 스스로를 있는 그대로 받아들이는 것
이다. 간단히 말해 이미 가지고 있는 것들을 사랑하는 것을 의미
한다.

나는 끊임없이 큰돈을 벌려고 하는 부부를 안다. 지금 재산이 어
마어마한데도 늘 더 벌어들여야겠다고 조바심을 낸다. '완벽'이 목
표일 때 그것은 결코 내 것이 되지 않는다. 깨우침의 교훈은 우리는
이미 우리가 갖고자 하는 그것을 가지고 있다는 것이다.

깨달음은 거창한 것이 아니다. 어떤 일의 성과와 성취에 초점을

맞추지 않고 관계에 초점을 맞추는 것이다. 지상낙원이란 내가 느끼기로는 이런 사랑을 통해 드러난다. 삶이 끝나리라는 두려움과 함께 우리는 종종 오로지 상상일 뿐인 행복에 매달리는 실수를 범한다. 환상에서 벗어나 우리 자신의 진짜 삶이 있는 집으로 돌아올 때까지 실수는 계속된다.

삶은
그 자체로 아름답다

칼립소의 뗏목을 타고 떠돌던 오디세우스는 포세이돈에게 발견된다. 포세이돈은 아들의 눈을 멀게 한 복수를 하겠다고 단단히 벼르던 터였으므로 거대한 파도를 일으켜 오디세우스의 뗏목을 산산조각 내버린다. 오디세우스는 아테나를 비롯한 신들의 도움으로 천신만고 끝에 알키노오스 왕과 파이아케스 인들이 사는 스케리아 섬 해안에 닿는다. 너무나 지쳐 쓰러질 지경인 그는 덤불 속에서 낙엽을 이불 삼아 정신없이 잠에 빠져든다.

그 사이 아테나는 어린 소녀로 변장하고 결혼을 앞둔 알키노오스의 딸 나우시카의 침실에 들어간다. 그러고는 결혼식 당일에 신부인 나우시카는 물론이고 그녀를 신랑에게 데려다 줄 이들도 근사한 옷을 입어야 한다며 다음 날 옷을 미리 세탁해 두라고 설득한다. 나우시카는 어린 시녀들을 거느리고 강가 빨래터로 나간다. 시녀들은 깨끗이 빨래를 한 다음 강가에 널려 있는 돌 위에 널어 놓은 뒤 목욕을 하고 놀이를 하며 하루를 보낸다. 그녀들이 집으로 돌아갈 준비를 할 무렵 덤불 속에서 잠을 자던 오디세우스가 잠에서 깬다. 아담과 마찬가지로 오디세우스도 벌거벗은 상태다. 그는 잎사귀가 많이 달린 가지로 몸을 가리고서 여자들에게 다가간다. 그러자 시녀들은 겁을 먹은 채 달아나고 나우시카만 남게 된다. 나우시카가 자신의 시녀들처럼 도망치지 않은 것은 그곳에 남아 오디세우스와 대화를 나누도록 아테나가 그녀를 부추겼기 때문이다. 오디세우스는 나우시카에게 최근에 자신이 겪은 고생담을 털어놓는다. 그러고는 자신을 불쌍히 여겨 누더기라도 좋으니 몸에 걸칠 것을 달라고, 그리고 마을로 가는 길을 가르쳐 달라고 부탁한다.

오디세우스가 훌륭한 성품의 소유자임을 알아본 나우시카는 오디세우스에게 자신의 나라와 백성들에 대해 이야기해 준다. 그런 다음 그에게 좋은 옷과 몸에 바를 성유를 준다. 시냇물에서 깨끗이 목욕을 하고 나자 오디세우스는 완전히 다른 사람이 된다. 잘생긴 남자와 같이 있다가 자칫 사람들의 눈에 띄어 소문이 나지 않을까 염려한 나우시카는 오디세우스에게 왕궁으로 가는 길을 가르쳐 준다. 또한 그녀는 오디세우스에게 자신의 어머니 아레테를 찾아가 그 앞에 무릎을 꿇고 자비를 구하라고 귀띔해 준다. 그런 다음 나우시카는 집을 향해 떠난다.

혼자 남은 오디세우스는 파이아케스 인들의 도시를 찾아간다. 그 과정에서 그는 아테나 여신의 원시림에 도착한다. 오디세우스는 잠시 가던 길을 멈추고 아테나에게 파이아케스 인들을 만나게 해달라고 간절히 기도

오디세우스와 나우시카
살바토르 로사 | 1655년 | 로스앤젤레스 주립 미술관

한다. 아테나는 어린 소녀로 모습을 바꾼 채 그에게 다가와 왕비의 모범적인 행실을 칭찬하고 알키노오스 왕의 궁으로 가는 길을 가르쳐 준다. 외부 공격으로부터 그를 지켜 줄, 눈에 보이지 않는 안개도 오디세우스 주변에 펼쳐 놓는다.

도시를 지나가면서, 오디세우스는 그 화려함과 파이아케스 인들의 세련된 삶의 질을 관찰한다. 그는 그들의 거대한 배와 멋진 건물들, 좋은 옷, 그리고 훌륭한 직조 기술에 감탄한다. 더구나 그곳의 나무에서 열리는 열매들은 결코 썩지 않으며 어느 계절이든 들판이 무성하다는 사실을 알고 더욱 감탄한다.

마침내 궁궐에 도착한 오디세우스는 왕비(공교롭게도 포세이돈의 손녀인)를 알현하게 해달라고 간청하고, 공주가 일러준 대로 왕비 앞에 정중히 무릎을 꿇고 엎드린다. 낯선 젊은이의 도착에 모두들 깜짝 놀라고, 그 품위 있고 세련된 태도에 깊은 인상을 받는다.

성대하고 풍성한 연회가 베풀어진다. 선량한 알키노오스 왕은 고향으로 돌아가기 위해 노력하는 과정에서 수많은 고난과 역경을 극복해 낸 오디세우스에게 감명을 받아 훌륭한 배와 52명의 팔팔한 선원들, 넉넉한 식량을 제공할 것을 약속한다. 축하행사와 연회가 더 이어진다. 아름다운 노래를 들으면서 향수병으로 가슴이 타들어 갈 지경이 된 오디세우스는 몰래 눈물짓는다.

도보 경주, 레슬링, 권투시합 같은 치열한 경기들이 펼쳐진다. 그들이 오디세우스에게 경기에 참여하라고 권했으나 처음에 그는 더 이상 그와

알키노오스의 왕궁에 있는 오디세우스
프란체스코 하예즈 | 1813~1815년 | 카포티몬테 국립 미술관

같은 경쟁에 휘말려 흥청거리기를 꺼려해 거절한다. 하지만 한 선수로부터 모욕을 당하자 오디세우스는 성을 내며 경기에 참여해 초인적인 능력을 발휘하며 원반던지기에서 모두를 제친다.

오디세우스는 아레스 신과 아프로디테 여신에 관한 길고 아름다운 사랑의 노래를 듣고 경이로운 춤을 보며 즐거운 한때를 보낸다. 그는 고마워하며 파이아케스 인들을 칭송한다. 마침내 그들이 오디세우스에게 오디세우스 자신과 그의 백성들, 그의 영토에 대해 이야기해 보라고 권유하자 그는 트로이를 떠난 뒤부터 겪은 길고 힘들었던 일련의 모험들을 되짚으며 기나긴 이야기보따리를 풀어놓는다.

그러고 나서야 오디세우스는 작별인사를 나누고 알키노오스 왕이 내준 배를 타고 선원들과 함께 출발을 준비한다. 그런데 출항하자마자 오디세우스는 죽음과도 같은 깊고 온화한 잠에 빠져든다. 그들이 이타카에 도착했을 때 선원들은 잠이 든 오디세우스를 바닷가 모래밭에 데려다 놓고, 나무 뒤에 선물들을 감춰 둔 다음 귀로에 오른다.

오디세우스가 고향에 무사히 도착하자 포세이돈은 제우스에게 파이아케스 인들이 오디세우스를 도운 죄에 대한 대가를 치러야 한다고 주장한다. 자존심 상한 포세이돈을 달래면서, 제우스는 파이아케스 인들에게 원하는 만큼 벌을 주라고 그에게 말한다. 포세이돈은 집으로 돌아가는 파이아케스 인들의 배를 돌덩어리로 바꾸어 버리고 누구나 볼 수 있도록 돌덩어리를 해안 근처에 박아 둠으로써 오래된 예언을 충족시킨다.

스케리아의 오디세우스

장 브로크 | 19세기경 | 마냉 미술관

전사의 습관을 버리고 '겸손'과 '친절'로
자신을 소생시킨 오디세우스

—

포세이돈의 무서운 복수와 함께 오디세우스의 삶은 철저히 무너져 버린다. 그야말로 그는 가진 게 아무것도 없다. 몸에 아무것도 걸치지 못할 정도로 초라한 존재다. 그는 어린 소녀에게 자비를 베풀어 달라고 애원한다. 오디세우스는 영웅심에 사로잡힌 전사에서 이제 동정과 연민을 구걸하는 사람으로 바뀌었다.

그가 어린 소녀의 조언대로 왕비에게 무릎을 꿇자 완전히 새로운 생의 단계가 시작된다. 그가 왕비 앞에서 겸손하게 자신을 낮추는 것은 가족과 사랑을 끌어안을 준비가 되었음을 상징한다. 또한 곧 있을 공주의 결혼식과 유쾌한 그녀의 어린 시녀들은 순결하게 피어나는 첫사랑을 그리고 남성 에너지와 여성 에너지의 결합을 상징한다. 알키노오스 왕과 왕비가 오디세우스를 위해 준비한 잔치에서 우리는 갖가지 형태의 창의성을 발견한다. 사랑의 노래들, 맛깔스러운 음식, 아름다운 춤, 유창한 연설, 웅장한 건축물들, 지적인 리더십, 기량을 겨루는 운동 경기 등을 통해 나타나는 일련의 창의적인 표현은 내면의 삶에 대한 감정을 자연스럽게 되살아나게 하고 오디세우스의 영혼은 가족과 집을 향한 그리움으로 부풀어 오른다.

파이아케스 인들과의 만남을 통해 오디세우스는 자신이 곧 고향에 도착하게 될 것을 직감한다. 이 각간을 즐기면서 그는 모험에서 배운 모든 것들을 통합하고 더 깊이 이해하게 된다.

오디세우스가 출항하면서 받은 많은 선물들, 새로운 배와 유능한 선원들은 마지막 문턱을 넘기 위해 새롭게 얻은 힘을 의미한다. 전사로서의 정체성과 습관을 버리고 새롭게 배운 겸손, 친절, 창의성과 소망이 그의 정신을 소생시킨다. 이번에는 정말로 꿈에도 그리워하던 고향에 돌아갈 수 있다는 믿음을 가지고서, 오랜 여정에 지칠 대로 지친 채 오디세우스는 엄마 품 안에 안긴 갓난아기마냥 깊은 잠에 빠져들었다가 드디어 오래 전 그의 여정이 시작된 바로 그곳, 자신의 고향에서 잠을 깬다. 이렇게 해서 그는 마치 캔자스로 돌아온 『오즈의 마법사』의 도로시처럼 변신의 꿈을 완성한다.

포세이돈이 파이아케스 인들에게 벌을 내린 이유

—

포세이돈은 파이아케스 인들이 오디세우스가 도망치도록 도와준 사실을 괘씸해하며 그들을 벌주고 싶어 한다. 왜 그들이 오디세우스가 받아야 할 벌을 대신 받아야 할까? 포세이돈이 실제로 파이아케스 인들에게 내린 징벌에서 한 가지 실마리를 찾을 수 있다. 그러니까 그들이 돌덩어리로 바뀌었다는 것은 갑작스럽고 폭력적인 징벌의 두려움으로 말미암아 문자 그대로 기겁한 채 공포 속에 얼어붙었다는 것을 상징한다. 폭력 속에서 자란 사람은 이런 종류의 공포를 자주 경험하게 되며, 때로는 자신을 공격한 사람과 스스로를 동일시함으로써 이런 경험을 보상하려고 하는 경향이 있다. 이를테면, 자신이 아직도 무의식적으로 두려워하고 있는 그런 위험한 인물이 됨으로써 이런 폭력의 순환이 다음 세대로 또다시 이어지는 것이다. 이것은 아마도 오디세우스 자신의 이야기인 동시에 당대 남자들에게 익숙한 이야기였을 것이다.

『오디세이아』의 작가 호메로스는 오디세우스를 비롯한 대다수 남자들이 이런 초기의 상처를 직면할 필요가 있었음을 우리에게 보여주고자 했는지도 모른다. 흔히 여러 문화권에서 과거의 폭력을 기억하기 위해 그렇게 하듯이 이것을 하나의 공적인 기념물로 만드는 것은 모든 남자들로 하여금 그들의 공통적인 경험을 반드시 상기하게 하려는 의도에서 비롯된 것이 아닐까. 그렇다면 포세이돈은 전사들이 고향으로 돌아가기 위해 돌아봐야 할 '폭력적 남성의 트라우마'를 상징하는 것일 수도 있다.

귀향의 조건

결국 오디세우스는 자만심을 버리고 전사로서의 삶에 대한 집착을 포기한 뒤에야 집으로 돌아올 수 있었다. 우리 역시 겸손하고, 매사에 감사할 줄 알고, 믿음을 갖게 될 때 '집'으로 돌아온다. 또한 우

리는 자신의 여정이 스스로를 어디로 데려갔으며, 왜 그랬는지를 온
전히 이해할 때 '집'으로 돌아온다. 우리는 생이 있는 그대로 충분
하다는 점을 깊이 깨달을 때 비로소 '집'으로 돌아온다. 이때부터 남
자는 더 이상 증명할 것도 없고, 더 성취하거나 획득할 것도 없으며,
기쁜 마음으로 자신이 원하는 일을 하는 데 방해가 되는 장애물이
모두 사라진 것을 깨닫는다.

나는 요즘 자녀들과 손주들을 보러 갈 때마다 가슴이 터질 것 같
은 기쁨을 느낀다. 나는 친구들과 어울려 체스를 두거나, 바비큐 파
티를 하거나, 함께 저녁식사를 하면서 '놀' 때 기쁨을 느낀다. 나는
매주 금요일마다 따로 시간을 내어 아내와 데이트할 때 행복하다고
느낀다. 그리고 나는 새로운 곡을 써서 남들을 위해 연주할 때마다
삶이 주는 만족감을 느낀다. 그로 인해 나는 점점 더 작곡을 많이 하
게 되었으며, 작곡은 내게 있어 가슴으로 원하는 새로운 창의성을
표현하는 일이 되었다. 이 모든 것이 우리 세대가 누릴 수 있는 사랑
의 한 부분, 이른바 '제3의 인생(은퇴 이후의 한가한 시기를 적극적으로 재검
토하자는 생각에서 나온 말)'이 아니겠는가!

때로는 상실감이 우리가 지금 있는 곳에서 새로운 세상을 보게
하는데 도움이 될 수도 있다. 우리는 삶을 있는 그대로, 삶이 그 자
체로 이미 아름답고 완전함을 보게 된다. 창의성이 발휘되고, 희망
이 심장을 뛰게 하고, 치유는 새로워진 환희와 경탄과 목적을 가
져다준다.

때로는 상실감이 우리가 지금 있는 그곳에서 새로운 세상을 보게 하는 데 도움이 될 수도 있다. 우리는 그 자체로 충분히 아름답고 완전한 삶을 경험하게 될 것이다. 창의성이 마음껏 발휘되고, 희망이 심장을 두근두근 뛰게 하고, 치유가 새로운 환희와 경탄을 자아내는 그런 삶을 말이다.

5장

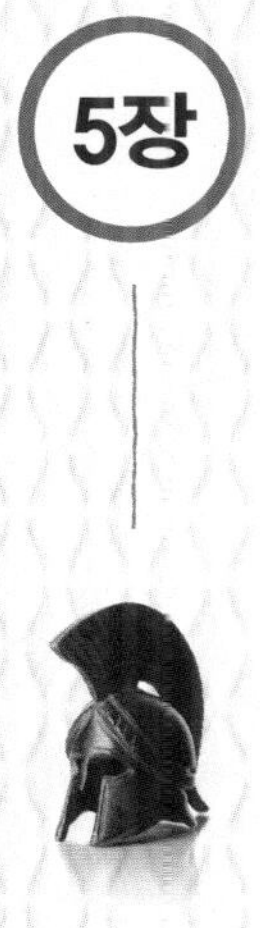

나이듦에 대한 사색

사람의 인생은 모두 같다.
10세에는 사탕에 휘둘리고
20세에는 이성에
30세에는 쾌락에
40세에는 야망에
50세에는 탐욕에 휘둘린다.
그 이후에는 더 이상 남은 것이 없으니 지혜를 추구한다.
– 루소

가족의 진정한 의미

마침내 고향에 도착한 오디세우스는 그토록 그리던 고향 땅에서 눈을 뜨지만 처음엔 전혀 알아보지 못한다. 아테나가 기억을 잊게 하는 안개를 뿌려 놓았기 때문이다. 아테나가 안개를 걷어 버리자 오디세우스는 드디어 자신이 고향 땅에 도착했음을 깨닫고 감격에 겨워 땅에 입을 맞춘다.

아테나와 오디세우스는 파이아케스 인들이 준 선물들을 근처에 있는 어느 동굴에 감추어 두고 오디세우스의 아내 페넬로페에게 결혼을 강요하며 궁전에 머물고 있는 구혼자들에게 복수할 계획을 세우기 시작한다. 그 계획의 첫 단계로 아테나는 오디세우스를 누더기를 걸친 거지로 변장시킨다. 그런 다음 그녀는 오디세우스에게 돼지치기인 에우마이오스를 찾아가라고 이야기한다. 아직까지 그는 오디세우스에 대한 충성심을 잃지 않았으므로 그의 오두막에 머물며 계획을 실행할 때까지 숨어 있기로 한다. 아테나는 텔레마코스를 데리러 스파르타로 떠난다.

오디세우스는 돼지치기 에우마이오스의 오두막을 찾아간다. 에우마이오스는 초라한 행색의 오디세우스를 따뜻하게 맞아 준다. 오디세우스가 그의 환대에 감사를 표하자 에우마이오스는 트로이 전쟁을 위해 집을 떠난 뒤 아직까지 돌아오지 않는 자신의 주인과 그의 아내에 대한 애정 어린 염려의 말을 한다. 또한 페넬로페에게 구혼한 자들이 주인의 아들 텔레마코스를 해치려고 꾸며 놓은 계략과 함정에 대해서도 털어놓으며 크게 걱정하며 한숨을 쉰다. 그러고는 서둘러 돼지우리로 가서 새끼돼지 두 마리를 잡아 맛있는 요리를 만들어 오디세우스에게 내놓는다.

"노인이시여! 제가 어르신께 대접할 수 있는 것은 이것밖에 없습니다. 오만하고 파렴치한 구혼자들이 밤낮으로 잔치를 벌이며 살찐 돼지를 모두 먹어 치우는 바람에 남아나는 게 없어요. 그들은 신도 별로 무서워하지 않는 것 같습니다."

오디세우스는 구혼자들의 행동에 분노하며 그들을 응징할 방도를 궁리한다. 또한 자신의 주인을 염려하는 에우마이오스에게 그의 주인이 반드시 돌아와 그 파렴치한 구혼자들을 응징할 것이라고 말한다.

한편 아테나는 텔레마코스를 만나 구혼자들이 꾸민 함정을 어떻게 피해야 할지 귀띔해 준 다음, 그가 이타케에 도착하면 가장 먼저 에우마이오스를 찾아가라고 일러 준다. 텔레마크스와 에우마이오스는 만나자마자 크게 기뻐하며 서로를 얼싸안는다. 사실 텔레마코스는 에우마이오스를 '아버지'라고 부를 정도로 믿고 따랐던 것이다.

오디세우스와 텔레마코스의 해후
앙리 뤼생 두셰 | 19세기경

에우마이오스가 페넬로페에게 텔레마코스가 무사히 돌아왔다는 사실을 알리러 간 사이 텔레마코스는 오디세우스와 단둘이 남게 된다. 아테나는 몰래 오디세우스 앞에 나타나 그의 아들에게 자신의 정체를 밝히라고 말하고는 거지 변장을 원래의 모습으로 돌려놓는다. 아버지와 아들은 서로를 부둥켜안은 채 지난날들에 대한 회한으로 가슴 아파하고 다시 만난 기쁨에 감격하여 한없이 눈물을 흘린다.

오디세우스는 텔레마코스에게 사악한 구혼자들을 응징할 계획을 이야기해 준다. 그 계획의 첫 단계는 바로 오디세우스가 다시 늙은 거지로 변장하고 궁으로 들어가는 것이다. 그러나 텔레마코스는 자신의 아버지가 정체를 밝히지 않고 거지 차림으로 궁에 들어갈 경우 그 못된 구혼자들에게 당할 모욕을 예상하고 괴로워한다. 텔레마코스는 적이 숫자 면에서 훨씬 우세한 현실을 염려하여 구혼자들의 무기를 몰래 숨겨 두기로 결심한다.

한편 오디세우스의 성에서는 구혼자들이 텔레마코스를 죽이기로 한 계획이 무산되자 서로 불평을 늘어놓으며 새로운 계획을 꾸민다. 구혼자들의 이야기를 들은 페넬로페는 속으로 분노하면서도 그들이 텔레마코스를 사랑한다는 뻔뻔스러운 거짓말을 항상 해왔으므로 아무런 대응도 할 수가 없다.

텔레마코스는 어머니를 위로하려고 궁을 향해 길을 떠나면서 에우마이오스에게 그 '거지'를 성읍으로 데려가라고 말한다. 페넬로페는 두 번 다시 사랑하는 아들을 만날 수 없을지 모른다는 생각에 두려워하고 있던 터라 모자의 재회 역시 따뜻하고 감동적이다. 아테나가 은혜로운 마법을 걸어 보호하고 있기 때문에 텔레마코스는 자유롭게 궁궐을 돌아다닌다. 구혼자들이 은밀히 악한 계획을 꾸미는 것을 몰래 엿들은 텔레마코스는 페넬로페에게 돌아가 아버지가 어머니의 원수를 반드시 갚아 줄 거라고 이야기한다.

에우마이오스는 오디세우스를 성읍에 데려오는 길에 궁전의 염소지기를 만나게 된다. 한데, 그 염소지기는 충성을 모르는 악한 자로 '늙은 거지'를 모욕하고, 창피를 주고, 심지어 발로 차기까지 한다. 오디세우스는 간신히 화를 억누른다. 성 가까이 이르렀을 때 오디세우스는 자신이 아끼던 개 아르고스를 만난다. 오디세우스가 전쟁터로 떠난 뒤 그의 개까지 방치되었는지 벼룩투성이가 되어 개똥 더미 위에 누워 있다. 오디세우스가 변장을 했음에도 아르고스는 주인을 알아보고 그를 반기지만 곧 죽고 만다.

궁궐에 도착한 오디세우스는 남루한 차림에 고약한 냄새를 풍기며 구혼자들 사이에서 구걸을 시작한다. 한데, 구혼자들의 리더 격인 안티노오스는 유독 심하게 오디세우스를 모욕하고 조롱한다. 안티노오스는 온갖 험한 말로 오디세우스에게 창피를 주고 심지어 의자를 던져 그의 오른쪽 어깨를 맞히기까지 한다. 오디세우스와 텔레마코스는 이를 악물고 참으며 터져 나오는 분노를 억누른다.

잠시 후 오디세우스는 그 궁궐을 자기 소유라고 주장하는 또 다른 거지를 만난다. 마침 눈요깃거리를 찾고 있던 안티노오스는 두 거지에게 결

남자답게 나이 드는 법

투를 명한다. 그 결투에서 승리한 자는 배불리 먹을 것이지만 패배한 자는 성 밖으로 내쫓길 판국이다. 처음에 오디세우스는 가급적 상대와 싸우지 않으려고 해보지만 뜻대로 되지 않자 맞서 싸우기로 결심한다. 그러고는 누더기 안의 건장한 몸을 드러내어 상대를 위축시키고 두려움에 떨게 만든다. 결투가 시작되자 오디세우스는 그 남자를 죽이지 않기 위해 있는 힘을 다해 단 한 방에 제압해 버린다.

한편 아테나는 페넬로페를 잠재우고 그녀를 훨씬 더 아름답게 만든다. 페넬로페가 구혼자들 앞에 다시 모습을 드러내자 그들의 열정은 활활 타오르고 그녀의 사랑을 얻기 위한 마지막 경쟁을 벌일 준비에 돌입한다. 페넬로페를 자신의 여자로 만들고 싶은 욕망에 휩싸여 안절부절 어찌할 바를 모르는 구혼자들은 하인들을 보내 멋진 선물을 가져오게 한다. 하인들이 귀중한 보물들을 가지고 돌아오자 곧이어 그들의 잔인한 축제가 다시 시작된다. 전에 없이 용감해진 텔레마코스는 기지를 발휘하여 그들 모두가 각자 자신의 처소로 물러가 잠자리에 들게 만든다. 구혼자들이 물러간 뒤 텔레마코스는 구혼자들의 무기를 몰래 창고에 넣은 다음 문을 잠가 버린다.

오디세우스는 아프로디테만큼 아름다운 페넬로페에게 다가가 자신을 남편의 친구로 소개한다. 남편의 친구라는 말에 페넬로페는 자신이 남편을 얼마나 그리워하고 있는지 이야기한다. 그리고 하루라도 빨리 남편이 돌아오기를 바라는 자신의 열렬한 마음을 솔직히 털어놓는다. 그리고 그녀는 자신의 시아버지인 오디세우스의 아버지의 수의를 다 짜면 구혼자

5장 나이듦에 대한 사색

베 짜는 페넬로페

존 윌리엄 워터하우스 | 1912년

들 중 한 사람과 결혼하기로 되어 있다며, 그 사악한 구혼자들을 떼어 놓기 위해 자신이 사용해 온 전략을 털어놓는다. 매일 밤 그녀는 남몰래 수의의 실을 도로 풀어 놓곤 했던 것이다. 그런데 애석하게도, 이 일을 알아차린 그녀의 하인들이 그녀에게 어서 수의 짜기를 끝내라고 종용하는 터라 이제 더 이상은 미룰 수가 없게 되었다고 이야기한다. 이제 그녀는 그 구혼자들 중 한 명을 새 남편으로 맞아들여야 할 형편이다. 그 이야기를 들은 오디세우스도 그녀 몰래 눈물을 훔친다.

오디세우스는 페넬로페에게 그녀의 남편이 무사하며 머지않아 집으로 돌아올 거라고 말한다. 그 말에 위안을 받은 페넬로페는 감사의 표시로 그 거지를 깨끗이 목욕시키라고 하녀에게 지시한다. 그런데 마침 이 하녀는 오디세우스가 어렸을 적 그를 돌봐 주었던 보모였다. 그녀는 그가 어린 시절 수퇘지의 공격을 받았을 때 다리에 입은 상처를 알아보고 깜짝 놀란다. 오디세우스는 보모에게 입을 다물고 조용히 있으라고 명한다.

아버지 그리고 남편의 '빈자리'를 확인하다

—

집 떠난 지 20년째가 되어서야 오디세우스는 집으로 돌아온다. 그의 어머니는 이미 세상을 떠났고, 어린 아들은 어엿한 남자가 되었으며, 아내는 슬픔을 벗 삼아 나이를 먹었다. 오디세우스도 많은 시련을 겪은 결과 꽤 겸손해지고 자제력도 길렀다. 호전적이고 독선적이었던 과거와는 달리 인내심도 많아졌고 심사숙고할 줄도 알게 되었다. 오디세우스는 한 나라의 왕이자 전쟁 영웅이 아닌 거지의 모습으로 옛 부하를 찾아가 정중한 접대를 받는다. 이것은 훨씬 겸손해진 그의 마음과 태도를 반영한 의식을 상징한다.

여기서 많은 지면을 할애해 오디세우스의 정탐과 준비 과정을 설명한 데에는 여러 가지 이유와 목적이 있다. 오디세우스는 고향에 도착하자마자 자신이 왕으로 귀환하여 환대를 받으리라 기대할 수 없는 냉혹한 현실을 정확히 알고 있는 것이다. 무엇보다 먼저 그는 사악하고도 위험천만한 구혼자들을 제거해야만 한다. 짐작하다시피 구혼자들은 '탐욕'과 '야망' '전사의 심리' 그리고 대부분의 남자들에게 내재된 '허영심'을 상징한다. 모두가 집으로 되돌아가 순수한 마음으로 가족을 대면하기 전에 깨끗이 정리해야만 하는 것들이다. 전사의 생각과 감정들, 행동양식들은 질긴 잡초처럼 수십 년 동안 오디세우스의 정신을 오염시키고 지배해 왔다. 오디세우스가 단순히 가족의 틀 안에서 과거에 했던 역할을 재연한다면 순식간에 그때 가지고 있던 습관의 늪으로 빠져들고 말 것이다.

귀향의 여로에 서 있는 우리 모두가 그렇듯이 오디세우스는 가족과 새로운 관계를 형성해야만 한다. 아버지 오디세우스가 트로이 전쟁에 출전하는 바람에 그의 아들 텔레마코스는 엄청난 고난과 역경을 겪게 된다. 아버지와 아들은 서로를 다시 알아가고 각자의 삶에 대한 이야기를 나눌 시간이 필요하다. 텔레마코스가 어른이 된다는

남자답게 나이 드는 법

돌아온 오디세우스

니콜라 앙드르 몽쇼 | 17세기경

점은 바야흐로 차세대가 사회 리더의 위치에 오르게 됨으로써 연장자들이 자신에게 주어진 그다음의 역할을 향해 움직여 가야 한다는 현실을 반영한다. 또한 오디세우스는 자신이 아끼던 개와 재회하자마자 안타깝게도 그 개가 죽는 모습을 지켜보아야 하는 상황에 맞닥뜨리게 된다. 이는 시간은 귀중하며 노화와 죽음이 우리 모두를 기다리고 있음을 상기하게 해준다.

페넬로페 역시 극심한 고통을 겪었다. 오디세우스는 자신이 전사의 삶에 몰두하느라 제대로 돌보지 못했던 사랑하는 아내의 상처와 직면해야만 한다. 그녀가 처음에 그를 알아보지 못한다는 사실은 그가 변신의 여정에서 어떤 사람으로 바뀌었는지 그녀가 아직 알아챌 수 없다는 점을 시사한다.

집으로 돌아온다는 것은 한 방의 덩크슛과 다르다

—

텔레마코스와 페넬로페의 고난을 좀 더 깊이 이해하기 위해 그들의 입장이 되어 보자. 만약 당신이 텔레마코스라면 그 상황에서 어떤 느낌이 들까? 자신의 아버지는 전쟁을 치르느라 무려 20년 동안이나 집을 비웠다. 아버지에 대한 기억도 없고 심지어 그가 살아 있는지조차 알지 못한다. 그런데 어느 날 문득 낯선 자가 나타나 자기가 아버지라고 말한다. 만약 당신이 텔레마코스라면 어떤 기분이 들지 상상해 보라. 얼굴도 기억나지 않는 아버지가 20년 만에 돌아와 "내가 네 아버지다"라고 하면 "아버지!" 하고 달려가 반갑게 얼싸안을 수 있겠는가! 아무리 전쟁 때문에 집을 떠나 있었다고 하더라도 서로 얼싸안고 재회의 기쁨을 나누기에는 너무도 많은 시간과 대화가 필요하다고 생각하지 않는가?

페넬로페의 입장도 마찬가지다. 믈론 페넬로페는 20년을 한결같이 남편을 기다렸다. 그러나 아무리 그렇다 하더라도 20년이란 시간은 부부간의 감정적 친밀감을 잊게 하기에 충분한 시간이다. 그런 터라 심리적으로 멀게 느껴질 수 있으므로 페넬로페 역시 자신의 삶속으로 남편을 기꺼이 받아들이기까지 어쩌면 시간이 필요할지도 모른다. 집으로 돌아온다는 것은 한 방의 힘찬 덩크슛과는 차원이 다른 일이다.

마지막으로, 오디세우스는 귀향의 초기 근계에서 만난 이들에게 자신의 신분을 밝히지 않았다. 워낙 지략이 뛰어나고 노련하기 때문일 수도 있지만 그의 신중함 뒤에는 다른 것이 더 감추어져 있다. 오디세우스는 두려웠던 것이다. 그는 자신으로 인하여 초래된 가족의 고통을 이해하기 시작했으며, 그들이 자신에게 어떤 반응을 보일지, 여전히 자신을 소중하게 여기고, 간절히 원하고 사랑할지 어떨지 알지 못하는 것이다. 그렇기 때문에 지극한 겸손의 상징인 '거지'로 변장하고서, 최대한 주변을 잘 살피며, 조심성 있고, 겸손하고 또 공손하려고 노력한다.

과거의 나로 살 것인가, 새로운 나로 살 것인가

—

많은 남자들이 은퇴 후에야 비로소 '집'으로 돌아온다. 그들은 가족의 감정을 고려해야 한다고 생각하지 못할 뿐 아니라 전쟁터에서 생긴 습관들과 사고방식을 바꿔야 한다는 생각도 하지 못한다. 이럴 경우 가족과 잘 지내기 어려우며, 결국 가족들은 은근히 남편과 아버지가 날마다 무슨 일을 하든 일단 집을 나가 주기를 바라게 된다. 또한 많은 아내들이 집에 있는 남편을 낯설어한다. '내가 결혼했던 그 남자와는 엄청나게 달라진 이 남자는 누구인가?'라는 생각을 하게 되는 것이다. 이미 어른이 되어 버린 자녀들도 물론 이와 비슷한 의문을 갖게 된다.

반면 은퇴한 남자들 중 일부는 아내로부터 집안일을 요구받는다. 그들의 아내는 마치 '이제 내가 당신의 보스야. 내 자릴 넘볼 생각은 아예 하지도 마'라고 말하는 것처럼 자신의 경영권을 적극적으로 방어하며 남편이 오랫동안 누려 왔던 권력을 흡수해 버린다. 그리고 자녀들도 자신의 아버지가 갑작스럽게 보이는 관심에 이와 유사한 의아함과 갈등을 느끼게 된다. '내가 학교에 다닐 때 아버지는 어디 있었지?' '이제 내게도 내 삶이 있는데 왜 아버지는 지금에 와서야 나와 가까워지고 싶어 하시는 걸까?'라고 생각할 수 있다. 그러므로 절대 서둘러서는 안 된다. 자존심을 내세워서도 안 된다. 상황을 정확히 파악하게 될 때까지 조용히 귀를 기울이고 유심히 지켜보는 것이 필요하다.

전쟁터에서 집으로 돌아오는 일은 자신에게로 돌아오는 일을 수반한다. 남자는 스스로에게 이렇게 묻는다. '예전의 나로 살 것인가, 새로운 나로 살 것인가?' '이 새로운 삶에서 나는 행복할까? 아니면 안절부절못할 정도로 불안해할까?'

이처럼 우리는 자신에게 깊이 배어 있는 전사의 습관을 이해하고 제거하는 시간을 가져야만 한다. 그런 시간을 적극적으로 마련하지 못한다면 은퇴 혹은 나이듦이라는 새로운 현실에 적응하기 어렵다. 알다시피 여기에는 엄청난 노력이 필요하다. '귀향의 노력' 말이다.

심리적인 '귀가'에도 노력과 준비가 필요하다

—

어른이 된 자녀들과 아내가 있는 집으로 돌아오면서 남자들은 강력한 전사적 페르소나, 즉 가족을 먹여 살리는 위대한 부양자의 가면을 한쪽으로 치워 두고 그 안에 가려져 있던 혼란에 직면해야 한다. '나는 이제 누구인가?' '가족 내에서의 내 역할은 무엇인가?' '아내는 어떤 사람이 되었는가?'라는 질문에 대한 답을 준비해야 한다.

페넬로페처럼 우리의 아내도 세월과 함께 바뀌어서 더 강해지고 자신만만해졌을 수도 있다. 그러면 부부 관계가 예전 같지 않을 수도 있으므로 '이제 나는 아내에게 누구인가?' '이 새로운 시기에 우리는 어떤 종류의 관계를 유지하게 될까?'를 고민해야 한다. 마찬가지로 어른이 된 자녀들과의 관계에서도 부양자, 응원자, 코치로서의 역할이 더 이상 필요하지 않다면 어떤 의미의 존재가 되어야 하는지 생각해 봐야 할 수도 있다.

이타카로 돌아온 오디세우스처럼 남자라면 누구나 이제껏 자신이 고수해 온 습관적인 행동들을 그대로 밀고 나가는 것이 옳지 않다는 점을 깨닫는 날이 올 것이다. 나 역시 그런 낯선 경험을 겪었다. 나는 기다리고 지켜보고 깊이 생각하면서 이 새로운 시기에 가족이 무엇을 원하고 무엇을 기대하고 무엇을 느끼는지 알기 위해 식구들과 머뭇머뭇 조심스러운 대화를 나누기 시작했다.

물론 나는 오디세우스처럼 집을 떠났던 것은 아니다. 하지만 심리적인 귀가에도 역시 많은 준비가 필요하다. 가족과의 새로운 관계를 구축해야 한다는 사실을 인정하는 것도 쉬운 일은 아닐 것이다. 그렇더라도 인내심을 가지고 가족에게 당신이 어떤 사람으로 변했는지, 가족은 어떤 사람들이 되었는지 서로 알아갈 수 있는 시간을 가져야만 한다.

남자답게 나이 드는 법

깊은 곳에 남아있는
남자의 욕망을 점검하다

폭발할 것만 같은 분노로 오디세우스는 도무지 잠을 이룰 수가 없다. 그는 당장 밖으로 뛰어나가 구혼자들과 어울려 웃고 떠드는 하녀들을 닥치는 대로 죽여 버리고 싶은 충동을 가까스로 억누른다. 오디세우스는 스스로에게 참아야 한다고 현명하기 충고한다. 아테나도 오디세우스에게 아내와 아들이 있는 집으로 무사히 돌아왔으니 감사한 마음을 잊지 말고 신중히 행동하라고 충고해 준다. 아테나는 또한 구혼자들보다 수적으로 열세라고 두려워할 필요가 없으며, 그들과의 싸움에서 오디세우스가 반드시 이길 거라며 안심시킨다. 같은 시간, 슬픔에 잠이 깬 페넬로페는 큰 소리로 흐느끼며 신들에게 기도를 올린다. 페넬로페의 울음소리를 들은 오디세우스 역시 마음의 평안과 소망을 위해 오랜 시간 기도를 올린다.

다음 날 구혼자들은 다시 호사스런 술잔치를 벌이는데, 그중 하나가 거

구혼자에게 활을 건네는 페넬로페
파도 바니니 | 1620년

지 행색의 오디세우스에게 쇠족을 던지기까지 하며 심하게 조롱하고 모욕을 준다. 아버지 옆에 있었던 덕분인지 텔레마코스는 한층 더 대담해져서 구혼자들에게 용감하게 대들며 존경심을 보이라고 요구한다. 그러자 그들은 너무 놀라 거의 입을 다물지 못할 지경이 된다. 그들은 궁궐 밖으로 텔레마코스를 내쫓겠다고 협박하며 텔레다코스가 자기 어머니의 재혼을 기꺼이 받아들여야 한다고 떠들어 대면서 오디세우스를 조롱한다. 그 순간 긴장이 급속도로 고조된다.

아테나는 페넬로페가 운명의 시합을 개최하도록 이끈다. 페넬로페는 귀중품들이 보관되어 있는 방으로 들어가 오디세우스의 거대한 활과 화살을 찾아낸다. 그리고 그것을 궁전 홀에 가져다 놓은 뒤 구혼자들에게 시합의 규칙을 설명한다. 시합은 간단하다. 열두 개의 도끼를 한 줄로 세워 놓고 그곳을 향해 활을 쏴서 열두 개 도끼거리의 구멍을 통과하는 남자를 남편으로 맞이하겠다는 것이다.

첫 번째 남자가 시도를 했으나 과녁을 맞추기는 고사하고 활시위를 당기는 데도 실패한다. 그러자 구혼자들 중 한 경이 그를 업신여기며 꾸짖은 뒤 다른 젊은이들에게 활을 뜨겁게 데운 다음 기름을 문질러 좀 더 잘 휘어지게 만들라고 지시한다. 그러나 모든 구혼자들이 그 거대한 활 앞에서 처참하게 무너지고 만다. 오디세우스는 시합 장소를 떠난 뒤 자신이 신뢰하는 에우마이오스와 소몰이꾼을 만나 자신의 정체를 밝힌다. 눈물로 재회한 다음, 그는 그들에게 연회실로 돌아가 여자들을 밖으로 내보내고 모든 문들에 빗장을 지르라고 명한다.

구혼자들 중 가장 강한 축에 속하는 에우리마코스가 활을 쏘려고 시도해 보지만 그 역시 실패한다. 안티노오스는 이쯤에서 휴식을 취하고 다시 음식으로 체력을 보강해야 한다고 주장한다. 모두 그의 말에 동의하고, 다시 게걸스럽게 먹고 마시기 시작한다. 오디세우스는 처음에 동의하는 척하다가 자기가 활을 한번 쏴 봐도 되겠느냐고 묻는다. 구혼자들은 이 말도 안 되는 불경한 제안에 불같이 화를 낸다. 페넬로페가 그의 편이 되어 탄원하지만 구혼자들은 일개 부랑자 때문에 자기들이 창피를 당할까 봐 은근히 겁을 내며 그녀의 말을 무시한다. 그러자 텔레마코스가 용감하게 앞으로 나서서 그 거지도 원하는 일을 할 수 있다고 말한다. 그는 먼저, 놀란 어머니를 거처로 모시게 한 뒤 오디세우스에게 활을 내어주라고 명한다.

오디세우스는 단숨에 활을 쏜다. 연회실에 갑자기 불길한 침묵이 감돈다. 그는 첫 화살을 쏘아 열두 도끼머리 구멍을 정확히 관통시킨다. 그런 다음 자신의 정체를 밝히고 이제 다른 표적을 맞출 거라고 외치며 구혼자들을 향해 화살을 쏘기 시작한다. 그는 먼저 안티노오스를 죽인다. 구혼자들은 서둘러 자신의 무기를 찾지만 몽땅 사라졌음을 알게 되고 자신들이 함정에 빠진 것을 깨닫고는 당황하기 시작한다. 오디세우스는 불길 같은 화살 세례를 퍼부어 대고 그의 입에서는 복수심에 불타는 말들이 쏟아져 나온다. 아버지와 아들이 나란히 서서 적들과 싸운다.

그때 아테나가 돌아와 구혼자들의 창으로부터 오디세우스 부자를 지키는 한편 오디세우스와 텔레마코스가 남은 구혼자들을 한 명씩 죽이는

아테나의 도움으로 구혼자들을 물리치 는 오디세우스

작자 미상 | 기원전 3세기경 도기

광경을 지켜본다. 전투가 끝나자 오디세우스는 가두어 놓았던 염소지기 멜란티오스의 코와 귀, 성기를 잘라 개들에게 먹인다. 오디세우스는 연회실을 연기와 유황으로 소독하고 깨끗이 씻어 내라고 명령한 뒤 나머지 충성스러운 하인들을 따뜻하게 반긴다. 그제야 오디세우스는 울컥 하고 터져 나오려는 울음을 간신히 참는다.

삶의 진정한 가치를 위해 싸우는 전사

—

애타게 그리던 고향으로 돌아온 오디세우스는 자신의 궁이 구혼자들의 야망으로 가득 차 있는 현실에 당혹감을 느낀다. 더구나 자신은 거지의 모습을 하고 구혼자들에게 모욕까지 당해야 하는 처지가 된 데 대해 굴욕감을 느낀다. 과거에 오디세우스가 갖고 있던 전사의 심리상태로는 절대 용납할 수 없는 일이다. 하지만 그는 구혼자들을 한 명도 빠짐없이, 그들이 갖고 있는 야망까지도 모두 처단하리라 계획하고 섣불리 움직이지 않는다. 그사이 오디세우스는 성숙한 어른이 된 것이다.

그럼에도 불구하고 이어지는 싸움판에 대한 호메로스의 묘사는 믿기 어려울 정도로 폭력적이다. 나는 이 무시무시한 살육의 아수라장을 이해해 보려고 몇 달 동안이나 고심했다. 왜냐하면 폭력의 정도가 단지 구혼자들의 탐욕과 자만을 뿌리 뽑는 차원을 넘어 그 잔

남자답게 나이 드는 법

인함이 극에 달하기 때문이다. 나는 다음과 같이 자문해 보았다. '이 장면은 대체 뭘 의미하는 걸까?' '이와 같은 살육이 과연 존경받을 만한 행위가 될 수 있을까?' 한참이 지나서야 비로소 나는 그 장면들을 이해할 수 있었다. 이 장면은 남성의 본성에 내재된 폭력의 규모와 범위를, 곧 한 남자가 일생에 걸쳐 치르게 되는 모든 개인적인 전쟁을 비롯하여 그 정신에 스며 있는 야만성과 공격성까지도 한꺼번에 폭로하는 것이기 때문에 소름끼칠 정도로 끔찍하다는 것을 말이다. 제2차 세계대전 중 나치 독일이 자행한 유대인 대학살, 세계 곳곳에서 지금 이 시간에도 벌어지고 있는 인종 청소, 그리고 잔인한 전쟁 등이 끊이지 않고 일어나고 있지 않은가! 호메로스는 이런 일들이 빚어 내는 공포를 오디세우스를 통해 한꺼번에 폭로하고 있는 셈이다.

수천 년 동안 인간은 치열한 생존경쟁에서 살아남기 위해 폭력을 선택했으므로 폭력의 잠재성은 우리 모두에게 내재해 있다. 나이듦의 길목에 있는 우리 남자들의 공통적인 과제는 이 원시적이고 폭력적인 잠재성에 맞서고 그것이 행동으로 옮겨지는 일을 막는 것이다.

한편 구혼자들의 공격성이 무조건 '나쁜' 것이라고 넘겨짚지는 말아야 한다. 세상의 많은 업적들이 사실은 전사적 성향에서 비롯된 것임을 인정해야 하기 때문이다. 다만 전사적 성향의 목적이 상대방을 정복하는 데 있는 것이 아니라 세상의 문제들을 정복하는 데 초점이 맞추어진 데에서 비롯된 것임을 상기할 필요가 있다.

페넬로페의 시합에 나오는 도끼들은 건설적인 면, 파괴적인 면 양면에서의 남성성을 상징한다. 도끼는 사람을 죽이는 데 사용할 수도 있고 새로운 것을 건설하는 데 사용할 수도 있다. 그것처럼 인간은 자기 자신이 아니라 삶의 진정한 가치를 위해 전사가 될 수도 있다. 『일리아스』에서 트로이 전쟁에 참전한 전사들은 이런 목적을 깨닫지 못한 결과 10년 동안이나 파괴적이고 폭력적인 전쟁의 구렁텅이에서 헤어나지 못했다. 『오디세이아』가 우리를 전쟁터의 전사가 아닌 건설을 위한 전사로 이끌기 위해 쓰여졌다고 나는 믿는다.

욕망에서 벗어나야 할 시간

구혼자들은 오디세우스를 비롯해 모든 남자들이 갖고 있는 교만한 태도, 명성과 행운을 바라는 은밀한 욕구, 경쟁에서 이기려는 욕망을 의미한다. 이런 욕망을 제거한다는 것은 쉽지 않은 일이다. 특히 경쟁사회에서는 더더욱 그렇다.

그러나 나이가 든다는 것은 욕망에서 벗어나야 할 시간을 의미한다. 물론 일상생활에서 전사적 습관들로 채워진 내면을 깨끗이 청소한다는 건 말처럼 간단한 일이 아니다. 수십 년 동안 몸에 밴 습성이 인식하지 못하는 사이 행동으로 나타나는 경우도 비일비재하다.

남자답게 나이 드는 법

바로 이런 이유 때문에 우리가 집으로 돌아오는 데에 많은 노력이 요구되는 것이다. 주변을 한번 살펴보자. 우리의 선배들은 어떤 방식으로 전투적인 자세를 극복했는지 살펴볼 필요가 있다.

당신은 남성에게 내재한 허영심, 부에 대한 욕망과 우월감을 향한 열망을 어떻게 '죽이'는가? 한 가지 방법은 이런 생각들을 뒤쫓기보다 놓아주는 법을 배우면서 명상을 통해 이런 것들이 왔다가 사라지는 것을 지켜보는 것이다.

사람들과의 관계에서 곤란한 상황이 빚어졌을 때 '멈추고, 느끼고, 사랑하라'는 주문을 외우는 연습을 해브는 것도 괜찮겠다. 먼저 혼란스러워진 감정을 추스르고, 지금 자신의 감정이 어떤지 충분히 들여다보고, 그러고 나서 사랑하라. 사랑은 모든 것을 바꾸므로 사물을 있는 그대로, 조건 없이 사랑하라. 이런 연습을 통해, 우리가 상상하는 전사의 활극은 한 줄기 빛 속으로 사라지고, 우리는 지금 이 순간의 현실에서 깨어난다. 우리는 이제 의도적으로, 전쟁이 아닌 사랑을 바탕으로 행동하려고 애쓴다.

그렇지만 언제 어느 순간에 엉큼한 구혼자들이 다시 나타나 당신의 감정을 휘젓고 마음과 영혼을 통제하려 할지 모른다. 그것들은 전사의 황홀감을 회복시켜 우리를 다시금 전쟁터로 몰아넣기를 바라며 의심의 말과 과장된 판타지들, 경쟁적인 선동의 말들을 속삭일 것이다.

경험해 보니 나이든 남자의 귀향의 여정은 강박적인 성취로 이루어진 전쟁터를 떠나기 위한 노력의 과정인데, 그것은 한 번의 노력만으로 성취되는 일이 아니다. 계속적인 자아 조정의 과정이 필요하다.

나이를 떠나 남자가 목표 지향성을 포기한다는 것은 고층 빌딩을 해체하는 일만큼이나 복잡하고 어려운 일이다. 고층 빌딩은 한 번에 해체하는 일이 불가능하므로 현명한 사람이라면 방이면 방, 계단이면 계단, 이런 식으로 한 번에 한 가지씩 분해한다. 갑작스런 은퇴같이 하루 만에 건물을 폭파해 버리는 일은 큰 혼란을 야기하고, 방향감각을 잃게 하며, 재난을 초래한다. 십 년이 지난 뒤에도 나는 여전히 예의 구혼자들과 전쟁을 치르고 있다. 자유시간이 넘치게 되자, 나는 뭔가 열심히 생산해 내려던 예전의 삶으로 되돌아가서, 구혼자들이 내 정신의 성으로 다시 몰래 숨어들어와 또다시 전쟁을 시작하라고 설득한다.

"바쁘게 지내!"

그들이 말한다.

"넌 보람 있는 일을 하나도 안 하고 있어. 어서 빨리 중요한 일들을 시작해야만 해."

나는 아직도 내심 구혼자들의 요구를 포기하는 게 죽음이나 실패, 무가치함과 동일하다는 두려움을 가지고 있으므로 이 전쟁은 아직 진행 중이다. 그러는 중에도 이 구혼자들과의 대적에서 작은 승리를 얻게 될 때마다 사랑이 있는 집으로 다시 돌아가 왜 내가 전쟁터로 되돌아가야 했는지 의아해한다.

우리에겐 여전히 삶에서 의미 있는 목표나 과제들이 필요하지만, 그리고 이런 것들이 인격의 필수적 요인들이기도 하지만 이제는 권력, 돈, 자존심, 또는 생산성 자체를 위한 생산성이 아니라 사랑, 창의성, 개인적 성숙, 행복을 구현하는 목표들을 찾는 게 비결이다.

가족에 대한
예의

오디세우스는 성읍 사람들이 대학살이 일어난 사실을 알아내고 복수할 것에 대비한다. 그는 궁궐의 하인들을 시켜 연회실 문을 닫아걸고 떠들썩하게 잔치를 벌이라고 지시한다. 사람들로 하여금 오랫동안 미루어 온 결혼 축하연이 드디어 열린다고 믿게 만들려는 속셈이다. 그런 다음 그는 목욕을 하고, 왕이 입는 튜닉을 입고, 아테나는 마법의 힘을 사용해 그의 용모를 한결 기품 있고 근사해 보이게 만든다.

한편 오디세우스의 어린 시절 유모 에우리클레이아는 페넬로페의 방으로 뛰어올라간다. 유모는 페넬로페에게 그녀의 남편이 돌아왔으며, 그가 어떻게 그 못된 구혼자들을 쳐부수었는지 이야기한다. 처음에 페넬로페는 유모의 말을 선뜻 믿지 못한다. 그리고 거지의 모습으로 나타난 이가 과연 자신의 남편이 맞는지 판단하기 위해 또 하나의 시험을 계획한다. 그녀는 유모에게 주인이 돌아왔으니 오디세우스와 자기가 쓰던 침

오디세우스와 페넬로페

티슈바인 | 1802년

대를 옮겨 놓으라고 지시한다. 그리고 가만히 오디세우스의 반응을 기다린다. 이것이 그녀의 마지막 시험인 셈이다. 사실 그 침대는 뿌리가 있는 거대한 올리브나무 둥치를 잘라 만든 것이므로 자르지 않고서는 옮길 수 없다.

그러자 오디세우스는 침대의 크기, 무게, 구조 등을 정확히 이야기하며 절대로 침대를 옮길 수 없다고 말한다. 오디세우스만이 알 수 있는 사실들을 그 거지가 아는 것을 보고 페넬로페는 눈물을 쏟는다. 그렇게 감동의 재회가 이어진다. 그녀는 기만적인 말과 책략을 일삼았던 구혼자들 때문에 극심한 고통을 겪은 나머지 남자들을 불신하게 되었다고 털어놓는다. 이제 나란히 노년의 문턱에 이른 두 사람은 함께 눈물짓는다.

오디세우스는 페넬로페에게 자신의 시련이 아직 끝나지 않았다고 말하며 하데스의 예언자가 한 말을 들려준다. 다행히 예언자의 말은 그들이 오래도록 행복하게 살 것을 예언하고 있으므로 페넬로페는 그리 낙담하지 않는다. 그들 부부는 침실로 가서 사랑을 나눈다. 그리고 20년이라는 긴긴 세월 동안 따로따로 견뎌야 했던 시련과 고난의 이야기를 서로에게 들려준다. 마침내 그들은 서로의 품에 안겨 잠이 든다.

이별은 모두에게 상처를 남긴다

—

참으로 오랜 세월이 흐른 뒤 오디세우스는 몸도 마음도 완전히 가족의 품으로 돌아온다. 오디세우스와 페넬로페는 진정한 사랑으로 화합하고, 비로소 오디세우스는 가정과 공동체에서 자신의 지위와 정체성을 되찾게 된 것이다.

오디세우스와 페넬로페는 나이에 어울리는 성숙한 방식으로 재결합한다. 그는 그녀에게 남편이라는 존재에 친숙해질 시간을 배려한다. 오랫동안 자리를 비웠던 남편이 돌아온다는 것은 분명 기쁜 일이지만 그는 아내에게 부부가 함께하는 것이 다시 편안해지고 익숙해질 시간을 준다. 페넬로페는 비로소 방어 자세를 풀고 두 팔을 벌려 남편을 맞아들인다. 그들은 사랑을 나눈 뒤 밤늦도록 잠을 이루지 못하고 각자 겪은 일을 함께 나눈다. 가음이 편안해진 두 사람은 오랜만에 깊은 잠에 빠져든다. 오랜 세파에 지친 두 사람은 치유의 힘을 지닌 사랑으로 융화되면서 함께 잠이 든다.

오디세우스의 모습은 그 어느 때보다 믿음직스럽다. 그는 그간의 경험을 통해 완전히 이해한 것이다. 전쟁터에서 전사로서의 삶을 살던 남자들이 가족의 품으로 돌아오는 데는 그리움만이 아니라 철저한 준비가 필요하다는 것을.

우리 역시 마찬가지다. 우리 남자들은 은퇴 후 집으로 돌아올 때 필히 '검'과 '방패'를 내려놓고 새로운 현실에 마음을 활짝 열어 두어야 한다. 실제로 남자들은 직장에서의 관계 이외의 다른 관계에 충분히 고민하지도 노력하지도 못한 채 살아 왔다. 또 어떤 사람들은 그저 드문드문 마음 내킬 때만 가족과 함께해 왔다.

이제 앞으로 해야 할 일이 참 많다. 따라서 집으로 돌아오는 일은 이토록 길고, 복잡하고, 때로는 고통스러우며, 대개는 의도하지 않았던 이별을 통해 각자 경험한 상처를 나누는 성숙한 마음가짐이 필요하다.

관계란 개인적 성장을 위해 끊임없이 노력하는 과정

—

사실 이 화합의 과정에서 많은 부부들이 굴곡을 겪으며 비틀거리기도 한다. 문제와 실망들로 얼룩진 과거를 가진 많은 부부들에게는 화해하고 다시 공생 체제로 돌아가는 데 필요한 믿음과 소통 능력이 결여되어 있다.

제 3의 인생, 그러니까 중년을 지나 노년으로 접어드는 내게 있어서 관계란 개인적 성장을 위해 끊임없이 노력하는 과정이다. 즉 나는 더 나 자신이 되고, 아내는 더 아내 자신이 되고, 마찬가지로 자녀들과 손주들도 더욱 그들 자신이 되는 것, 그리고 이 새로운 성숙으로 서로 연결되는 것이다. 이것은 개성과 존경, 그리고 사랑의 문제다. 내가 관계에서 진정 친밀해질 수 있는 건 내가 명실상부한 나 자신이 될 때뿐이다. 그렇지 않으면 나는 그저 상황에 맞게 나의 페르소나를 조정하고 있는 것이다.

우리는 사실상 바쁘기만 했던 중년기에 개발할 시간이 없었던 자

아와 인격의 새로운 면모를, 변화하는 가치와 요구들과 함께 드러
내며 처음으로 다시 만나고 있다. 오디세우스와 페넬로페처럼, 우리
는 이제 상대가 누구인지 알아보기 위해 서로를 다시 보고 있다. 이
런 새로워진 나눔이 일어날 때 비로소 진정한 친밀감이 열리기 시
작한다. 다행스럽게도 이와 같은 회복을 위해 노력할 시간과 기회가
노년에는 대체로 많은 편이다.

우리는 또한 시간이 미리 정해진 길을 따라 흐르고 심신의 쇠락
또한 그와 같은 길을 따르는 이 기간에 새로운 방식으로 서로를 의
지하게 될 것이며, 그 과정에서 이전에는 생각하지 못했던 방식으로
서로의 영혼을 들여다보게 될 것이다.

가족과 나눠야 할 삶의 이야기들

—

아내에게 진심으로 서로를 사랑하는 친밀한 관계를 회복하
고 싶다고 말하되 화합을 지나치게 서두르지는 말아야 한다. 당신이
이만큼 심도 있는 친밀감을 발견하는 일은 어쩌면 몇십 년 만에 처
음일 수도 있다. 당신과 아내 둘 다 신뢰를 키우고 가슴을 열 시간이
필요하다. 충돌을 빚곤 하던 옛 방식으로 되돌아가는 일을 방지하기
위해 책임감을 가지고 행동하자. 조심스럽게 그리고 관대하게 행동
하자. 특히 서로의 삶의 이야기를 함께 나눌 것을 권한다. 당신이 상

대에 대해 알만 한 '사실들'은 알고 있다고 하더라도 아직 나누지 못한 게 많다. 믿고, 소망하고, 실험하고, 기도하고, 같이 놀고, 대화하고, 그리고 꾸준히 노력하라. 이 과정을 이해하고 받아들이는 가운데 서로에게로 돌아가는 길을 발견하게 될 것이다.

마침내 집에 돌아온 오디세우스는 자신의 아내, 그리고 아들과 다시 가정을 회복하기는 했으나 아직 변화의 과제를 끝내지는 못하고 있다. 이제 그는 자신의 노년을 받아들이는 법을 배워야 하고, 마음의 평화를 위해 입장을 확고히 해야 하며, 테이레시아스가 일러준 통과의례를, 그리고 신성 가운데 자아를 발견하는 일을 완수해야 한다.

남자답게 나이 드는 법

오디세우스의 편지를 읽는 페넬로페
루이 라그레네   18세기경

상실감을 통해
성숙해지는 시간, 노년

헤르메스는 죽은 구혼자들의 영혼을 하데스로 안내한다. 그런데 그들이 하데스에 도착하기 전 아킬레우스와 아가멤논, 그리고 다른 영혼들이 자신들의 죽음에 대해 논하고 있다. 특히 아가멤논은 아킬레우스가 트로이에서 영웅적 죽음을 맞이한 반면 자신은 교활한 아내의 손에 억울한 죽임을 당했다며 분통해한다. 더 중요한 것은 허영심과 복수심이 자신들의 생명을 앗아 갔으며, 그런 것들이 결국 큰 은혜가 아니었다는 사실을 은연중 깨닫고 있다는 사실이다. 이 대화 도중 헤르메스와 죽은 구혼자들이 도착하고 그들은 왜 죽었는지 질문을 받는다. 구혼자들은 오디세우스가 불공평하게 신의 도움을 받는 바람에 자신들이 불리한 상황에 놓일 수밖에 없었다고 불평을 늘어놓는다. 그러면서 자신들이 살해당한 일을 상세히 묘사한다. 그러나 아가멤논은 오디세우스의 성공을 칭송하면서 또다시 자신의 비참한 죽음을 한탄한다.

한편 오디세우스는 아버지 라에르테스를 만나러 갈 채비를 한다. 그의 아버지는 시골에서 하인들과 함께 농장을 관리하며 지내고 있다. 농장은 관리가 잘돼 매우 풍요로운 모습이다. 오디세우스와 라에르테스는 서로의 신분을 확인한 뒤 숨이 넘어갈 만큼 강하게 서로를 끌어안는다. 눈물의 재회를 마치고 두 사람은 둘이서 함께 보낸 행복했던 나날들에 대해 이야기한다. 충성스런 부하들의 축하를 받으며 두 사람은 기쁜 마음으로 함께 따뜻한 저녁 식사를 한다.

노년의 삶에서 중요한 것

—

자신의 아버지 라에르테스를 만난 오디세우스는 처음에 그 옷차림을 보고 아버지가 궁핍하고 불행하게 사는 것으로 오해한다. 그러나 오디세우스의 짐작과는 달리 농장은 풍요롭고 아버지 또한 건강하게 지낸다는 걸 알게 된다. 비록 차림새는 누추하지만 그는 농장일에 잘 적응하여 보람을 느끼며 살아가고 있다.

여기서 농장은 생의 마지막 계절에 삶의 열매를 거두어들이는 방식을 상징한다. 그는 농장에서 어던 씨앗이 꽃을 피우고 열매를 잘 맺는지, 또 어떤 것이 그렇게 되지 못하는지 생생히 경험한다. 이것은 실제로 경험하지 않으면 어느 누구도 정확히 예측할 수 없는 소중한 경험이다. 이를 통해 그는 생명의 소중함을 배우고 있는 것이다.

라에르테스를 통해 우리는 중요한 것을 발견하게 된다. 노년의 삶에서 중요한 것은 외적인 성공이나 경제적인 풍요가 아니라 가족의 사랑과 더불어 생명에 대한 경외를 느낄 만한 의미 있는 일이라는 것이다. 라에르테스는 이 중 경제적인 풍요와 의미 있는 일을 이루었지만 안타깝게도 가족의 사랑이 빠져 있었다. 전쟁터에 나갔다가 돌아오지 않는 아들에 대한 그리움 때문에 그는 하루하루 힘겨운 삶을 보내고 있었다.

모든 상실에는 ‘선물’이 숨어 있다

—

오디세우스는 이제 그가 직면하게 될 나이듦의 단계들을 사색하기 시작한다. 비교적 몸과 마음이 건강한 ‘초기’ 노화의 단계, 혼자서 생활하는 데 큰 지장은 없지만 신체적인 변화를 느껴 단조로운 삶에 적응해 가는 ‘중간’ 노화의 단계, 육체가 쇠락하고 삶이 얼마 남지 않았음을 느끼고 준비하는 ‘최종’ 노화의 단계 그리고 이 단계들에 따르는 목적, 가치, 선물들에 관한 사색 말이다.

첫 번째 단계는 자신이 나이가 들었다는 것을 인정하고, 지난날을 돌아보며 버킷리스트를 작성하고, 노후를 준비하는 시기지만 일상에는 눈에 띄게 큰 변화가 없다. 몸이 늙어 가고 있음을 확실히 느

남자답게 나이 드는 법

끼는 두 번째 단계에는 더 큰 변화가 찾아온다. 삶이 귀중하다는 깨달음과 함께 나보다 더 어려운 주변을 살피게 된다. 세 번째 단계에서는 죽음을 현실의 문제로 느끼게 되고 태어남이 있다면 사라짐도 있다는 우주의 질서를 받아들이게 된다.

노화의 첫 번째 단계에 있는 오디세우스는 아버지를 지켜보며 아버지의 변화된 가치관과 잘 가꾸어진 '농장'과 두 번째에서 세 번째 단계로 이동하는 과정에서 더욱 깊어지는 삶의 지혜와 의식의 열매를 주시한다. 라에르테스는 그 나이에 해야 하는 과거를 정리하는 과제를 완수했고, 생명에 대해 깊은 관심을 가지고 있으며, 생명이 있는 피조물들과 한층 친밀하게 화합하고 있다. 이 시기는 감사와 지혜로 채워진 경이롭고 겸손하고 은혜로 가득한 명상의 시기가 될 수 있다. 현실적인 삶의 조건들에 대해 과도하게 집착하지 않고 생의 기적을 제대로 알아볼 수 있다면 말이다.

우리는 나이듦에 따르는 시련과 상실을 부당하고, 견디기 어려우며 부정적인 것으로 생각하는 경향이 있다. 하지만 모든 상실에는 '선물'이 숨어 있게 마련이다. 구체적인 예로 암 수술을 받고 회복 중인 한 남자는 어떤 면에서 지금이 가장 행복하다고 말한다. 그는 이렇게 나이 들어 가고, 병에 걸려 고통과 씨름하고, 그 병을 치유하려 노력하며 사는 것이 인생이라고 말한다. 죽음을 직시한 이후 그는 자신의 아내와 자녀들이 곁에 있다는 사실이 마치 커다란 선물을 받은 것처럼 기쁘고 든든하다고 말한다. 이처럼 상실감은 우리에게 부정적으로 작용하는 것만은 아니다. 상실감을 통해 우리는 더욱 성숙해지고 인생의 본질에 한 발짝 다가서게 된다.

나이를 먹는다는 것은, 즉 노인이 된다는 것은 우리가 생각하는 것처럼 슬픈 일이 아니다. 주름진 얼굴, 약해진 체력의 이면에는 우리를 의식 전환의 길로 이끄는, 당연하지만 대단히 의미 있는 과정이 감추어져 있다. 우리 앞에 펼쳐지는 이 과정을 호기심과 관심과 연민의 정을 가지고 탐구한다면 우리는 내면의 진화를 이루어 삶을 깊이 이해하게 될 뿐만 아니라 그 너머에 있는 것들에 대한 직관력도 갖게 될 것이다.

남자답게 나이 드는 법

다시 생각해 보는
삶의 우선 순위

아버지와 감격적인 재회를 한 기쁨도 잠시, 구혼자들이 살해당했다는 소문이 시내 곳곳에 퍼진다. 구혼자의 가족들은 슬픔에 잠겨 장례를 치르고 광장에 모여 대책회의를 시작한다. 회의에 참석한 이들의 절반이 오디세우스가 용서 받을 수 없는 범죄를 저질렀다며 기필코 원수를 갚아야 한다고 목소리를 높인다. 노 영웅이자 예언가가 오디세우스가 전쟁터에 나간 사이 구혼자들의 잘못된 행동을 이야기하며 사람들을 설득하지만 결국 불만을 품은 구혼자 가족들은 오디세우스가 있는 아버지의 농장으로 향한다.

아테나는 제우스에게 달려가 도움을 청한다. 제우스는 그녀에게 양쪽 모두를 설득해 화해를 맹세하게 하고, 서로 용서하게 하며, 예전의 우정을 회복하도록 도우라고 명한다. 자신에게 복수하려는 자들이 가까이 오고 있다는 경고를 듣고 오디세우스, 텔레마코스, 라에르테스, 그리고 늙은

제우스의 머릿속에서 무장한 채 태어난 아테나

르네 앙투안 우아스 | 17세기경 | 베르사이유와 트리아농 궁

하인은 서둘러 싸울 준비를 한다. 전투가 시작되자 라에르테스는 아테나의 도움으로 가장 고약한 구혼자 중 하나였던 안티노오스의 아버지를 죽이고 위기를 모면한다.

전투의 양상이 심각하게 돌아가자 아테나는 큰 소리로 싸움을 중단할 것을 명령한다.

"이타카 남자들이여, 부질없는 싸움은 이제 그만두시오. 지금 당장 싸움을 멈추지 않으면 제우스의 분노를 사게 될 것이오."

아테나의 고함소리에 놀란 구혼자 가족들이 겁을 먹고 퇴각하기 시작한다. 이때 오디세우스가 퇴각하는 적들을 향해 달려가려 하자 제우스가 그 앞에 벼락을 던져 막는다. 아테나는 오디세우스에게 제우스가 정말 노여워하기 전에 어서 싸움을 멈추라고 충고한다.

"이렇게 아테네가 말하자 오디세우스는 순순히 복종하였고 그의 마음은 즐거웠다.

그런 다음 여신은 양편 사이에 맹약을 세웠다,

아이기스를 가진 제우스의 딸, 팔라스 아테나가.

그녀는 기품 있는 자태를 보나 우렁찬 목소리를 보나 멘토르와 흡사했다."

이것이 『오디세이아』의 마지막 부분이다.

위에서 살펴본 대로, 전쟁은 모두가 서로 화해하고 함께 평화를 맹세하는 장면으로 끝이 난다.

세상은 경쟁 논리로만 움직이지 않는다

—

남성적 공격성의 불구덩이로 다시금 쉽사리 빠져드는 남자라면 집으로 돌아올 수 없다. 마음에 가족이나 공동체에 대한 증오의 찌꺼기가 남아 있다면 치유되기 어렵다. 최고의 신 제우스는 이제 평화의 때가 왔다고 못을 박아 이야기한다. 라에르테스는 이따금 노인들도 아직 얼마든지 열렬하고 팔팔하게 지낼 수 있다는 점을 잘 보여 주며, 마치 업보를 갚기라도 하듯 사악하고 탐욕스러운 안티노오스 일족을 철저히 응징한다.

하지만 몇 대에 걸친 기나긴 이 폭력의 고리를 끊은 것은 제우스의 분노다. 대를 이어 되풀이되는 폭력을 종식시키기 위해서는 어떤 위대한 권위를 지닌 존재의 중재가 반드시 필요한 것이다. 마치 오디세우스의 또다른 자아가 또다시 전쟁에 뛰어들려고 하는 자신을 강하게 억눌러 어리석음에 마침표를 찍는 신의 원형적 양심을 보여 주는 듯하다.

이런 태도는 젊은 전사들의 분쟁에 끼어들어 신과도 같은 권위와 함께 "이제 그만! 자네들은 이보다 더 훌륭한 사람들이야. 사춘기 소년들이 아니라 책임질 줄 아는 남자들이 되게. 제발 철 좀 들게나!"라고 말하는 성숙한 어른의 특권이자 책임이다.

나이에 걸맞은 새로운 역할 찾기

—

이미 느끼고 있겠지만 나이가 들면 우리의 몸과 마음은 더 이상 전쟁에 적합하지 않게 된다. 이쯤에서 우리는 우리에게 어울리는 다른 역할을 찾아야 한다. 나는 그것이 삶의 중요한 문제들에 대해 성숙한 견해를 갖는 것이라고 생각한다. 중년 남성들이 젊은이들에게 책임감을 일깨워 줘야 하는 책임이 있다면 노년 남성들은 이 사회가 경제와 경쟁 논리 이외에 사랑과 품위와 같은 보다 고상한 목적을 추구하도록 일깨워 주는 데 책임이 있다.

나이듦의 길목에서 우리는 지금 삶의 새로운 의미와 목적을 찾고 있다. 그 내면에는 성공 신화를 다시 쓰기 위한 욕구보다는 지혜와 평화의 목소리를 내는 현자가 되고자 하는 내밀한 동경이 포함되어 있다. 노화를 겪고 있는 남자들에게 주어지는 여러 과제들 가운데 하나는 서로가 지니고 있는 이 잠재력을 발전시키는 것이다. 우리는 치유하고 평화를 섬기기 위해 여기 있다. 나의 세대는 이 어렵사리 얻은 지혜를 나누는 방법들을 찾고 있다.

이제부터라도 성공이 아니라 화해를 삶의 우선순위에 두자. 정중함, 친절, 진실의 편에 서려고 노력하자. 연장자의 역할은 이런 마음가짐을 시나브로 노화를 겪고 있는 남자들에게 전해 주는 것이다.

내면으로의 여행을 통해
새로운 길 발견하기

오래 전 하데스에서 예언자 테이레시아스가 오디세우스에게 심오한 뜻이 담긴, 그러면서도 상당히 모호한 예언을 해주었다. 테이레시아스는 오디세우스에게 그가 귀향하여 자신의 왕국을 되찾은 다음 노 하나만 가지고 여행을 떠나 많은 도시들을 지나고 마침내 바다에 대해 아무것도 모를 뿐만 아니라 음식에 소금 간도 하지 않는 사람들이 사는 나라에 닿게 될 것이라고 했다. 오디세우스는 자신의 노를 도리깨로 혼동하는 사람을 만나면 자신이 목적지에 도달했음을 알게 될 터였다. 그리고 그 자리에 제단을 쌓고, 숫양 한 마리, 황소 한 마리, 수퇘지 한 마리를 포세이돈에게 제물로 바쳐야 한다는 것이다. 예언자는 오디세우스가 원숙하고 평화로운 노년에 이르기까지 살 것이며 편안한 죽음을 맞이하게 될 것이라는 말을 덧붙인다.

저승에서 테이레시아스를 만나는 오디세우스

알렉산드로 알로리 | 1580년

바다의 신 포세이돈과 극적으로 화해한 오디세우스

—

이 기이한 예언은 무엇을 의미하는가? 그리고 어떻게 이것이 우리 영웅의 심리적·정신적 변신을 완성한다는 것일까? 『오디세이아』는 오디세우스가 이 신비로운 운명을 완수하는지 여부를 알게 되기도 전에 끝나 버린다. 하지만 이 예언이 상징하는 것들을 면밀히 살펴보면 그 안에 담긴 깊은 의미를 깨닫게 된다.

오디세우스가 여행길에 가져가는 노는 하나의 상징이다. 첫 번째 상징은 인간과 신 사이의 의사소통을 돕는 수단이다. 이를 통해 오디세우스는 바다의 신 포세이돈에게 속죄제를 올리고 비로소 용서를 받는다. 포세이돈과 오디세우스가 적대적인 관계에서 벗어나 극적으로 화해함으로써 둘은 이제 적이 아닌 협력자가 된다.

융 심리학계의 저자 헬렌 루크는 83세에 쓴 『노년: 단순성으로의 여정Old Age: Journey into Simplicity』이라는 책에서 이 신성과의 연합과, 어떻게 그것이 물질적 세계의 신성화로 이어지는지 이야기한다. 테이레시아스의 예언에 대한 그 미완성의 장에 대한 자신의 의견을 피력한 뒤 루크는 다음과 같이 설명한다.

"이곳에 있는 사람들(오디세우스가 결국 만나게 되는 내륙 사람들을 가리킴)이 가지고 있는 것과 동일한 자연 혹은 영혼과 어우러지는 일체성으로의 귀환이지만 그들은 이해가 배제된 채 살아간다. 그러나 귀환을 하면 그 일체성은 각 남자와 여자에게서 신의 마음으로 깨어남을 통해 알려지고 경험된다. 친구여, 그런 미래가 이제 당신에게도 가능해진다.”

마찬가지로, 토머스 포크너는 「호메로스의 영웅주의, 노년, 그리고 오디세이의 끝Homeric Heroism, Old Age, and the End of the Odyssey」이라는 글에서 이렇게 쓰고 있다.

“따라서 내륙으로의 여정은 영웅시대와의 영원한 결별이 되기도 하고 평화로운 나라로 가는 통로가 되기도 한다.”

자연 혹은 영혼과의 일체는 우리를 마지막 정신적 도전, 즉 ‘낙원 찾기’로 인도한다. 우리가 마침내 모든 것에서 신성을 경험하게 될 때 우리는 마침내 지상낙원으로 한 발짝 발을 들여놓게 되고 신성화가 완성되는 것이다.

진정한 자아를 찾아가는 과정, 개성화

—

원래 노는 배를 타고 가며 바람이 시원치 않거나 엉뚱한 방향으로 불 때 사용하는 도구로, 여기서는 남성적 힘을 상징한다. 그런데 바다에서 멀리 떨어진 곳에서 노는 본래적 목적을 상실한다. 육지에서 노는 아무 힘도 쓸모도 없는 물건이 되고 만다. 그런데 바다에서 멀리 떨어진 곳에서 노는 이 물건이 가진 본래적 목적을 상실해 버린다. 육지에서 노는 아무런 힘도 발휘할 수 없고 거의 쓸모도 없는 물건으로 전락하고 만다. 그런데 재미있게도 이 노가 곡식을 두들겨서 알갱이를 떨어내는 데 소용되는 '도리깨'로 쓰일 수 있다는 사실이 발견된 것이다. 즉, 도리깨는 '분별'의 과정을 의미한다. 껍질에서 알맹이를 분리하는 것은 중요하지 않은 것에서 중요한 것을 분리하고, 피상적인 것에서 구체적인 알맹이를 골라 내는 것을 의미한다. 이 과정을 통해 오디세우스는 알맹이를 분별하는 눈을 갖게 되고 한결 내실 있는 사람으로 성장해 간다.

나이가 든 후에도 전쟁터를 떠나기를 거부하다 보면 자칫 삶이 가지고 있는 잠재력을 제대로 깨닫지 못하게 된다. 나이듦의 여정에서 우리는 지혜와 영성으로 통하는 열린 문을 통과하여 새로운 빛을 경험해야 한다.

누구에게나 내면으로 향하는 여행은 결코 쉽지 않다. 그러나 중년에서 노년으로 접어들면서 자연발생적으로 남성호르몬 수치가 떨어짐과 동시에 정신적 성숙을 경험하면 내면으로 향하는 여행을 떠날 기회를 얻게 된다. 이것이 바로 나이듦의 길목에서 나이와 귀향의 여정이 주는 하나의 선물인 셈이다. 이를 통해 우리는 자신만의 새로운 길을 발견하게 될 것이다. 궁극적으로 이 여행은 의식과 존재가 융합되는 신성한 결합의 과정인데, 이런 연유에서 노년의 삶이 한층 성스러워지는 것이다.

이 글을 읽는 우리들은 어쩌면 지금 이 순간에도 자신만의 '노'를 들고 내면의 여행을 하고 있는지도 모른다.

남자답게 나이 드는 법

오디세우스의 귀환
발렌틴 세로프 | 1910년 | 트레티야코프 미술관

정신분석학자 칼 융은 고향을 찾아가는 여정을 '개성화'라고 표현했다.

"자기 자신에게 씌워진 거짓된 겉모습을 벗겨 내고, 진정한 자아를 되찾기 위한 힘든 여정을 의미한다."

또한 융은 이렇게 말했다.

"개성화란 한 인간이 명확하면서도 유일무이한 진정한 자아를 찾아가는 과정을 뜻한다."

남자답게 나이 드는 법

고향을 그리워하는 오디세우스
장 샤를 카쟁 | 1880~1884년경

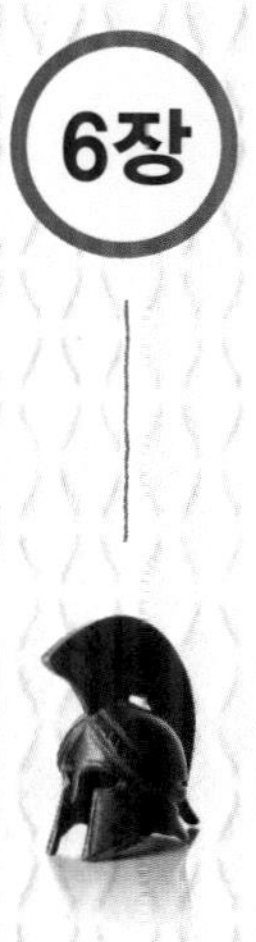

영혼을 달래는 시간

자신의 영혼을 깊이 바라보라.
그리고 자신에 대해 배워라.

– 프로기트

무엇이 우리를
앞으로 나아가게 하는가?

오디세우스와 함께한 열여덟 번의 의미심장한 도전을 통해 우리는 중년의 전사에서 성숙한 어른으로 성장하는 소중한 경험을 나누었다. 이 과정은 결코 녹록하지 않다. 노력하지 않고 가만히 있어도 세월은 흐르고 나이를 먹는다. 하지만 나이가 갖고 있는 성숙의 잠재력을 깊이 깨닫기 위해서는 수없이 많은 노력을 기울여야 한다.

길고 고된 여정에서 어떤 고난과 역경이 닥쳐도 포기하지 않고 반드시 집으로 돌아오겠다는 오디세우스의 열정과 끈기는 그를 뚜벅뚜벅 앞으로 나아가게 한다. 장벽을 넘고 또 넘고, 시련을 겪고 또 겪으면서도 그는 결코 포기하지 않는다. 늘 앞으로, 앞으로 향한다. 그리고 마침내 고향에 돌아와 한 나라의 왕, 한 여자의 남편, 한 아이의 아버지의 정체성과 신분을 되찾는다. 오디세우스는 열정에 의해 움직였고 가슴속 열정을 따름으로써 훨씬 풍요로운 삶을 살 수 있게 된다. 또한 그를 통해 우리는 진정성

남자답게 나이 드는 법

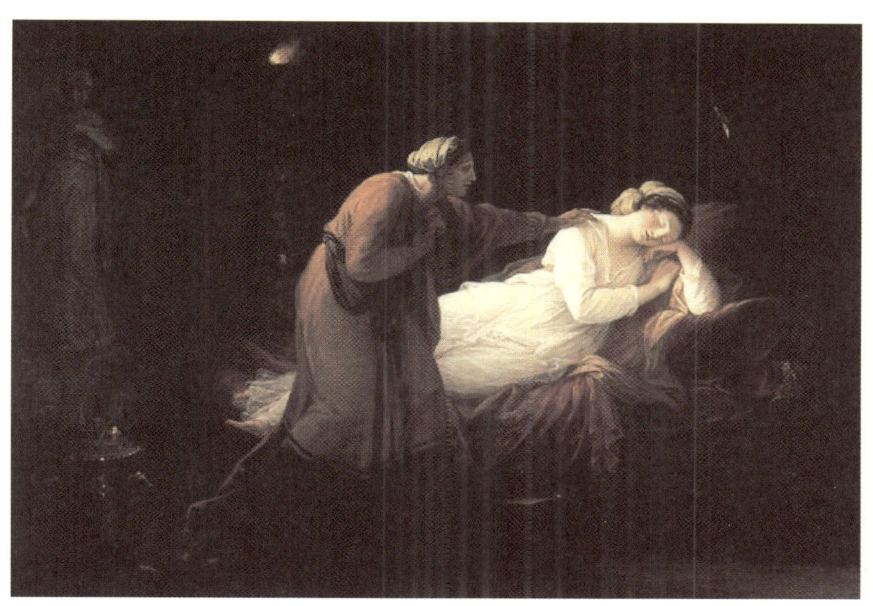

울고 있는 페넬로페

안젤리카 카우프만 | 1772년

을 갖고 나이듦에 대해 생각하면서 이 여정이 고생할 만한 가치가 있음을 깨닫게 된다.

성숙한 삶으로의 안내자, 열정

—

열정이 없다면 장벽은 극복되기 어렵고 아픔은 고뇌로 깊어지기 쉽다. 열정에 관한 질문이 매우 중요한 것은 그래서다. 열정은 우리가 상처입고, 상실감에 시달리고, 낙심했을 때조차 우리로 하여금 매일 매일의 삶을 힘차게 살아가게 해주는 힘이다. 또한 열정은 우리를 최상의 아름다움에 도달하게 하는 원동력이요, 개개인으로 하여금 낡은 신념과 습관을 이겨 내게 하는 힘이다. 참된 열정이 참된 성숙을 가져오므로 그 안으로 들어가서 개인적인 의미와 목적과 에너지를 찾으려고 애써야 한다. 열정은 우리의 성숙을 도울 뿐만 아니라 때로는 우리를 성숙으로 이끌기도 한다.

한편 한 가지 열정이 스러지면 새로운 열정이 고개를 들기도 한다. 생의 모든 단계가 성숙의 가능성을 내포하므로 삶 그 자체와 마찬가지로 열정도 모든 단계에서 솟구쳐 나온다. 흔히 주변에 멋지게 나이 들고 품위 있게 늙어 가는 남자들을 보면 사람들은 그에게 우리 같은 평범한 사람들보다 문제가 적다고 생각하는 경향이 있다. 그러나 그런 이들은 다만 보통 사람들보다 더 많은 열정을 갖고 크고 작은 문제를 만날 때마다 적극적으로 극복하고 해결해 나가기에 마치 문제가 적은 것처럼 보인다는 사실을 잊지 말자.

우리를 가장 우리답게 하는 것

—

"일과 사랑이 곧 행복이다."

지그문트 프로이트가 남긴 말이다. 그는 우리 삶의 핵심 가치를 '일'과 '사랑'으로 보았다. 일은 추상적인 꿈을 더욱 선명하게 만들어 주고 사랑은 개인과 사회를 연결시켜 주는 근본적인 요소라는 것이다. 누구나 경험했겠지만 젊은 시절에는 일과 사랑의 균형을 찾는 일이 큰 고민거리였다. 대부분 우리는 일을 선택했고, 일을 통해 자기 자신의 존재 의미를 확인하고 싶어 했다. 따라서 우리는 일을 하면서 우두머리 혹은 승자가 되는 일에 집착하고 몰두했다.

그러나 이제는 다르다. 이제 더 이상 성과 중심으로 일을 해서는 안 된다. 그보다는 일을 통해 사람들과 진정으로 교류하고 삶을 좀 더 활기차게 만드는 데 집중해야 한다.

세계적인 물리학자 미치오 카쿠는 프로이트가 말한 두 가지, 즉 일과 사랑 이외에 삶에 의미를 부여하는 요인으로 두 가지를 더 추가한다. 그중 하나는 '자신의 재능을 극대화하는 것'이고, 다른 하나는 '세상을 개선하기 위해 노력하는 일'이다. 종합해 보면 자신의 능력을 극대화하는 것은 '일'이며 세상을 개선하기 위한 노력은 '사랑'이라고 할 수 있다.

그리스어에서 유래된 카리스마라는 말은 '은혜의 선물' 또는 '신에게 부여받은 재능'이라는 뜻을 가지고 있다. 우리는 모두 저마다 가슴속에 이 선물을 품고 있다. 다만 그것을 간과해 버리거나 당연한 것으로 여기는 까닭에 발견하지 못할 뿐이다. 우리를 가장 인간답게 만들어 주는 것이 바로 저마다 가진 재능이다. 각자 자신의 재능이 활짝 꽃을 피우도록 정성껏 돌봐 주면 되는 것이다. 살아가면서 카리스마, 즉 재능은 다양한 방식으로 표현될 수 있다. 중요한 것은 카리스마를 표현함으로써 우리가 행복감을 느끼고 주변 사람들과 공감대를 넓혀 가고 있다는 점을 명확히 인식해야 한다는 점이다. 이것은 우리가 세상에 온 가장 중요한 이유 가운데 하나다.

남자답게 나이 드는 법

물이 배를 움직이게 하듯
열정이 삶을 움직이게 하라

시인 롱펠로우가 백발이 되어서도 정열적인 시를 끊임없이 발표하자 한 청년이 물었다.

"선생님. 나이가 드신 후에도 어떻게 그처럼 시를 잘 쓰십니까?"

그러자 그가 말했다.

"저 나무처럼 양분을 잘 섭취하면 저렇듯 푸르게 자라 열매가 맺는 거라네."

롱펠로우에 관한 유명한 일화다. 그가 말한 '양분'이 나는 열정이라고 생각한다. 양분을 섭취하듯 열정을 잘 섭취하면 우리의 삶도 나이와 관계없이 언제까지나 푸르름을 유지할 수 있을 것이다.

중년을 지나 노년을 준비하는 이들에게 나는 항상 강조한다. 우리는 노년의 삶이 젊은 시절 못지않게 생산적이라는 느낌을 가질 필요가 있다고. 누구보다 잘 알겠지만 나이든 사람들도 중요한 존재가 되고 싶고 세상에 의미 있는 기여를 하고 싶어 한다. 나이를 먹는다는 것은 절대로 '끝'을 의미하지 않는다. 물론 다른 점은 많다. 젊어서는 거두어들이는 일에 열정을 쏟았지만 나이 들어서는 되돌려주거나 다른 이에게 도움을 주는 일에 더 많은 열정을 느낀다. 이것이 바로 우리가 자신만의 일을 찾고 삶의 의미를 발견하려 애쓰는 이유이기도 하다. 우리는 단지 시간을 보내기 위해서가 아니라 세상과 호흡하기 위해서, 세상을 좀 더 나은 곳으로 만들기 위해서 일을 찾는 것이다.

열정의 단서 찾기

우리에게 일은 중요하다. 열정을 되살리고 유지하는 데 있어서 일은 그야말로 필수요소이기 때문이다. 지금까지 해오던 일이 변함없이 흥미진진하다면 그 일을 계속하면 된다. 그러나 만일 남몰래 싫증을 느끼고 자주 마음의 동요를 느낀다면, 그 일에 에너지를 쏟아 붓느라 몹시도 지쳐 버린 상태라면 완전히 새로운 일을 통해 열정을 되살려 보기를 권한다.

창조적 에너지를 발산할 만한 관심사를, 그리고 일을 어떻게 발견할 수 있을까? 과연 어떤 활동이 매일 매일의 삶을 활기차고 풍요롭게 만들어 줄까? 이에 관한 경험자로서 나는 다음과 같이 조언해 주고 싶다.

남자답게 나이 드는 법

자원봉사, 제2의 직업, 취미생활, 새로 시작한 운동이 진정으로 자신을 흥분시키지 않는 한 그 어떤 것도 덥석 받아들여서는 안 된다. 여러 가지 일들을 탐색하고 경험해 보되 성급하게 뛰어들지는 말자는 의미다. 열정을 발견하는 데는 시간이 필요할 뿐 아니라 흥의 문이 다시 열리기까지는 치밀한 내면의 탐색 과정이 필요하다. 때로 낙심이 되더라도 결코 포기하지는 말아야 한다. 탐색도 여정의 일부이니까!

이제부터는 자주 '나는 누구인가?', '평상시에 주로 나는 무엇을 하며 시간을 보내는가?', '하루 중 가장 즐거운 시간은 언제이며, 내가 가장 기다리는 일은 무엇인가?'와 같은 질문에서 출발하여 열정의 단서를 찾아 나가자. 다시 말하지만 재능은 억지로 찾아지지 않으며 우리의 삶 밖에 있지도 않다. 재능은 우리의 구체적인 일상에서 자연스럽게 나를 끌어들이는 활동이다.

한편 재능은 스스로가 가장 존경하는 사람들을 통해 나타나기도 한다. 노트를 꺼내 자신이 존경하는 영웅들의 이름을 적어 보자. '내가 어떻게 이 사람처럼 되겠어! 그것은 불가능한 일이야' 식의 부정적인 생각들로 자신이 가진 열의를 빼앗기거나 위축되지 말자. 우리는 지금 영웅이 되고자 하는 것이 아니다. 각자가 존경하는 인물의 가치관이나 활동들을 자신의 버전으로 만들어 내고자 하는 것뿐이다.

또 다른 접근법은 주변 사람들에게 자신의 재능이 무엇인지 이야

6장 영혼을 달래는 시간

기해 달라고 부탁하는 것이다. 그들이 묘사한 것들 가운데 어떤 의견이나 특징, 행동들이 반복적으로 나타나는지 유심히 살펴봄으로써 자기 자신을 좀 더 객관적으로 바라보게 될 것이다. 부끄럽거나 겸손한 마음에 그들의 의견을 도외시해서는 안 된다. 그저 넉넉히 받아들이고 그것들 안에서 진실을 찾아가는 것이 중요하다.

마지막으로 과거로 돌아가서, 단지 살아 있다는 사실만으로도 즐겁고 행복했던 때를 떠올려 볼 것을 권한다. '그 순간 어디에서 무엇을 하고 있는가?' '왜 그 일이 그토록 좋았는가?' '그 순간'이 바로 열정의 단서다.

삶의 '핫'한 목록 만들기

—

"꿈은 잃는 것이 아니라 잊는 것"이라는 말이 있다. 나는 이 말에 동의한다. 잊고 있던 것을 복원하여 그것을 자신의 일상으로 만드는 여유가 바로 나이듦의 특권이다.

새로운 재능이나 꿈을 탐색할 때 '핫앤드콜드' 놀이를 적용해 보는 것도 좋은 방법이다. 목록에 최대한 많은 내용을 적고 하나씩 짚어 내려가면서 그 단어를 듣거나 상상할 때 얼마나 흥분되는지, 또는 얼마나 감흥이 없는지 느껴 보는 것이다.

각각의 내용이 현실적인지, 실용성이 있는지, 또는 가능성이 있는

남자답게 나이 드는 법

지는 중요하지 않다. 흥의 단서를 추적하기 위해서는 비판이나 분석으로부터 전적으로 자유로워야 한다. 열정의 특징은 자연발생적인 감흥과 충만한 의욕, 진정한 행복감, 즉흥적인 창작 욕구, 좀 더 진지하고 따뜻한 관계 등이다. 그리고 그것은 보통 흥과 함께 시작된다.

다음에는 반대로 이루고자 하는 꿈에 방해가 되는 것들을 머릿속에 떠오르는 대로 모두 적어 본다. 자금 부족, 실패에 대한 두려움, 자기 회의, 시간 낭비라는 느낌, 남들이 인정해 주지 않을 가능성, 나이 등 생각할 수 있는 것을 모두 적는다. 그러고 나서 이 목록을 기억에서 지우려고 노력한다. 방해가 되는 목록을 지운다는 것은 우리의 마음을 '핫'을 향해 조금씩 움직인다는 의미다. 이런 식으로 열정을 즐기는 시간을 매주 따로 정해 두면 자신의 카리스마에 한 발짝 더 다가가게 될 것이다. 이 과정은 자신의 마음을 끄는 여인에게 연애를 걸듯이 '핫'한 목록과 함께 자주 만나며 장난도 치고 시간을 보내다 보면 한결 친숙해지게 될 것이다.

열정의 길에서 만난 작은 기쁨들

이따금씩 자신과 비슷한 호기심과 열정을 가진 사람들과 접촉해 함께 시간을 보내고 활동을 하면 더욱 좋다. 다만 거창하게 목표를 세우지는 말자. 그 일이 꼭 앞뒤가 갖지 않아도 괜찮으니 머뭇거리

지 말고 과감히 시도하라. 흥의 단서를 찾는 곳에서 길을 발견하게
될 것이다.

내가 아는 한 의사는 젊어서부터 래프팅, 하이킹 같은 야외활동을
꿈꿔 왔다. 그러나 바쁜 일과에 치여 정작 제대로 한 번 실행해 보지
도 못한 채 젊음을 다 보내고 말았다. 은퇴를 하자 그는 뭔가 의미
있고 중요한 일을 하고 싶었다. 가장 먼저 떠오른 것은 자신의 전문
지식과 노하우를 무료 진료소나 불우한 청소년들을 위해 쓰고 싶다
는 생각이었다. 한데, 그것은 분명 의미 있는 일이지만 그는 선뜻 그
길을 선택하지 않았다. 60년 동안이나 자신이 해온 일과 같은 일이
기 때문에 그 삶 또한 거의 정확히 예측되었기 때문이다.

그다음으로 떠오른 것이 젊은 시절 또 하나의 동경의 대상이었
던 야외 활동이었다. 그런데 그것은 그에게 이기적인 쾌락으로 느껴
졌다. 나이든 어른으로서 자신의 즐거움만을 찾는다는 것이 과연 옳
은 일인지에 대해 진지하게 고민해 보지 않을 수 없었다. 솔직히 두
려움도 있었다. 나이가 들어 야외 활동을 시작하는 것이 육체적으로
무척이나 고되고 감당이 되지 않을 것 같았다.

그는 결국 마음이 움직이는 일을 하기로 결심하고 과연 자신이
진정으로 원하는, 생각만으로도 흥분되는 일이 무엇인지 곰곰이 생
각해 보았다. 그 결과 그는 야외 활동의 일환으로 자전거타기를 시
작했다. 따사로운 햇빛과 육체의 순간적 고통을 만끽하며 자전거를
타고 강변을 쌩쌩 달리곤 했다. 그러다가 이내 다른 친구와 같이 타

남자답게 나이 드는 법

기 시작했고 또 다른 친구도 함께했다.

그러던 어느 날, 그는 다발성 경화증 환자들을 돕기 위한 자전거 타기 기금 모금 행사에 합류하게 되었다. 그리고 그것이 계기가 되어 그 후 여러 차례 기금 모금 행사에 참여하기도 했다. 이 일은 사전에 계획된 일이 아니었다. 그저 열정의 길에서 만난 작은 기쁨들이다. 앞으로 이 일이 어떻게 되어갈지 아무도 알 수 없다. 하지만 물이 배를 움직이게 하듯이 그의 열정은 그를 이끌 것이다.

이처럼 이루어야 할 '목표'가 있는 건 아니지만 열정과 함께 자연스럽게 '거기'에 도달하는 것, 이것 역시 우리에게 어울리는 열정에게 다가가는 법이 아닐까!

살아간다는 것은
계속해서 생각하는 것

나이를 먹을수록 경험이 풍부해지고 지식의 폭 또한 넓어진다는 것은 분명하다. 하지만 "백발은 나이를 상징하는 것이지 지혜를 상징하는 것은 아니다"라는 말처럼 나이가 많다고 무조건 경험이 풍부해지고 지식의 폭이 넓어진다고 말할 수는 없다. 살아간다는 것은 계속해서 생각하는 것이다. 계속해서 생각하는 것이 통찰이다. 오디세우스는 열여덟 번의 모험을 통해 삶을 통찰했다.

열정이 있는 삶의 풍경

새로운 비전: 우리가 열정을 추구할 때 마치 습관처럼 쓰고 있던 눈가리개를 벗어 버리고 모든 사물을 새로운 눈으로 그리고 새로운

방식으로 보게 되는 것처럼 우리의 비전 또한 새롭게 바뀐다. 권태로움과 장벽들 대신에 가능성을 발견하게 된다. 새로운 전자기기를 살 때 사용법을 익히는 것처럼 새로운 열정을, 그리고 그것을 가능하게 할 새로운 방법을 찾게 한다.

새로운 에너지: 의미상으로 열정은 에너지를 뜻하며 열정과 친해질 때 우리의 능력도 배가된다. 열정은 에너지로 분출되기 때문이다. 젊은이의 튼튼한 체력에 비교할 만큼 열정이 뿜어 내는 에너지는 강력하다.

새로운 세상: 비전, 의미, 창의성, 그리고 에너지는 이제 우리를 세상으로 데려가 새로운 장소에서 새로운 간남과 모험을 경험하게 한다. 열정의 물결 속에서 주변 세상을 재발견해 새로운 친구들, 장소들, 단체들, 아이디어들, 여행의 경험들을 만나게 한다. 그럼으로써 삶이 저절로 새로워진다.

새로운 통일체: 『오디세이아』가 맨 처음 집필되었을 무렵, 어떤 그리스인이 통합의 우주적 신비 체험을 묘사했다. 그리고 히포크라테스는 다음과 같이 말했다.

"만물을 아우르는 한 흐름이 있으며 만물은 한 호흡으로 숨 쉰다. 만물은 서로 공감한다."

우리가 열정을 발견할 때 우리는 모든 것과 감응하는 그 통일체의 일부가 된다. 퍼즐 조각처럼 우리는 자신의 자리가 어디인지, 왜 그게 자기 자리인지를 안다. 우리는 마침내 살아가는 이유를 이해한다.

열정은 삶의 새로운 단계를 위한 뼈대를 구축한다. 땅을 뒤덮는 식물을 새로 심을 때처럼 열정은 사방으로 퍼져 비탈은 곧 꽃으로 뒤덮인다. 열정의 길을 따르다 보면 언젠가는 육체가 쇠락하고 한때 뜨거웠던 그 불꽃이 사그라지기 마련이다. 그때 비로소 마음에 평화가 찾아오고 자신이 이 세상에 와서 하기로 되어 있었던 일을 깨닫게 된다.

지금 당장 시작해야 할 것들

당신의 삶에서 가장 열정적이고 흥분되었던 때는 언제인가? 그때의 상황과 행동, 에너지를 되새겨 보자. 무엇으로 인해 그토록 흥분되었는가? 그런 다음 머지않아 새롭게 시작할 가능성이 있는 활동들을 적어 보자. 그러고 나서 각 항목에 핫 또는 콜드를 표시해 보자. 이 활동을 통해 무엇을 발견하게 되는가? 이런 일들을 내일로 미루지 말고 오늘 당장 시작하자.

흥의 단서를 부르는 뭔가를 하면서 에너지를 느껴 보자. 인생의 새로운 길 위에서 흥을 추적하는 것은 그 자체로 의미 있는 일이다. 어느 부분이 점점 뜨거워지고 어느 부분이 점점 차가워지는가? 그 느낌을 생생히 기억하자.

남자답게 나이 드는 법

노년의 문턱에서 만나는 12가지 깨달음

—

오디세우스를 통해서, 그리고 중년에서 노년의 문턱으로 가고 있는 남자들과 만나며 우리는 중요한 것을 깨달았다. 그것은 바로 '나이듦의 문턱에서 남자들이 갖는 강렬한 욕망은 무엇일까?'라는 질문에 대한 답이다.

첫 번째, 전쟁터를 떠나고 싶다는 것이다. 이제 우리 모두는 전쟁에 신물이 난다. 싸우는 데 지쳐 버린 것이다. 이제는 무엇을 위해 싸워야 하는지조차 알지 못한다. 그래서 '이런 식'으로 살고 싶지는 않다는 강렬한 욕망을 갖게 된다.

두 번째, 사랑이 있는 집으로 돌아가고 싶다는 것이다. 남자가 되어 세상 저 멀리까지 떠났던 여행에서 우리는 이제 오디세우스처럼 지친 몸으로 다시 가족과 친구들과 사랑이 있는 집으로 돌아가고 싶어 한다.

세 번째, 많은 남자들이 주위사람들과 삶을 나누고 싶어 한다. 우리들이 겪은 전쟁과 귀향의 과정에 대한 이야기를 들려줌으로써 생의 위대한 모험을 나누고 싶어 한다. 한 시대와 사건들, 사람들, 공간을 경험한 우리는 살아 있는 역사박물관, 삶의 박물관이라 해도 과언이 아니다.

네 번째, 우리는 용서를 바란다. 우리는 자신이 이기적이었고, 자기중심적이었으며, 때로는 어리석기도 했음을 알고 있다. 그래서 우리는 자신이 초래한 고통을 깊이 후회한다. 가족 혹은 전쟁에서 맞서 싸운 이들에게 용서를 구하고, 더 나아가 자신에게 용서를 구하고 싶어 한다.

다섯 번째, 우리는 열정으로 가득 찬 의미 있는 일을 하고 싶다. 우리는 자신의 재능이 아직도 자기 내면에 있는 열정에서 비롯되고 있음을 알고 있으며, 그것들을 적극적으로 표현하고 싶다. 이제 우리에게 일이란 돈을 벌기 위한 것이 아니라 남을 도움으로써 자신이 진정 누구인지를 드러내는 방편이다.

여섯 번째, 우리는 신나게 살고 싶다. 웃고, 춤추고, 영화 보고, 저녁 식사를 하기 위해 외출하고, 아이들과 함께 놀이를 하고, 콘서트와 스포츠 경기를 보러 가고 싶다. 예전에 좋아했고 지금도 좋아하는 일이라면 뭐든지 즐길 작정이며, 또한 우리가 발견하게 될 새로운 일들을 즐기고자 한다.

일곱 번째, 우리는 개성 있는 하나의 인격이 되고 싶다. 젊은이들에게 우리는 비슷비슷한 '늙은이들'로 보일지 몰라도 우리는 같은 판으로 찍어낸 국화빵이 아니다. 또한 다른 세상에 사는 별종들도 아니다. 평생토록 개성을 갈고 닦아 온 사람들이며, 이렇듯 개성을 지닌 우리를 개별적인 인격으로 보아 주기를 바란다.

여덟 번째, 우리는 끝까지 배우고 싶다. 삶의 단계마다 배우고 이해해야 할 새로운 것들이 있는데, 노화도 예외가 아니다. 배움이란 단순한 시간 때우기가 아니라 성숙을 가져오는 신나고 참신한 경험

남자답게 나이 드는 법

이요, 다음 도전을 위한 준비다.

아홉 번째, 우리는 의미를 찾고 싶다. 우리는 역사와 철학, 종교와 과학의 교훈들을 우리 삶의 경험에 비추어 보고 싶다. 우리가 누구였으며 우리가 무엇을 했는지 사색하면서 우리는 삶과 시대의 의미를 발견하고 싶다.

열 번째, 우리는 활발한 신체적 경험을 원한다. 나이 들었다는 것은 육신을 포기한다는 뜻이 아니다. 신체 활동 수준이 다소 덜 활발할지는 몰라도 포옹하고 운동하고 자연과 친밀하게 지내는 일이 여전히 중요하다. 특히 아이들을 무릎에 올려놓고, 인사를 하며 가볍게 안고, 장난스럽게 만지고 포옹하는 따위 신체적 접촉이 변함없이 필요하다. 또한 우리는 좀 느릴지는 몰라도 좀 더 관능적으로 섹스하고 싶어 한다.

열한 번째, 우리는 죽음을 준비하고 싶다. 설령 두렵고 고통스러울지라도 우리는 자신에게 좀 더 무엇이 필요한지, 어떻게 느끼는지, 그리고 가족과 친구들, 의사들 성직자들이 우리의 마지막 길에 어떻게 도움이 되어 줄 수 있는지 이야기 나누고 싶다.

열두 번째, 우리는 좀 더 진지하게 삶에 대해 성찰하고 싶다. 모든 인간은 삶을 성찰해야 하지만 가장 필요한 순간이 바로 나이듦의 문턱이라고 생각한다.

영혼을
달래는 시간

"인생은 마흔에 시작된다. 그때야말로 사랑과 생활이 품위 있는 예술이 된다."

「인생은 마흔부터」 라는 글에 나온 말이다. 이것은 절대 마흔 살 이후의 사람들을 위로하기 위한 말이 아니다. 물론 품위 있고 예술적인 삶을 살기 위해서는 조건이 붙는다. 그것은 '존경'이다. 프랑스의 위대한 작가 빅토르 위고는 영원한 고전 『레미제라블』에서 "주름살과 함께 품위가 갖추어지면 존경받을 수 있다. 행복한 노년에는 말로 표현할 수 없는 아름다운 여명이 비친다"라고 이야기했다. 존경받는 노년, 행복한 노년에는 젊음이 안겨 주는 격정의 행복과는 또 다른 가치를 느낄 수 있다. 그러나 이것은 매우 어려운 일이다. 왜냐하면 이 같은 노년의 존경과 행복은 평생의 시간을 투자해야 하는 일이기 때문이다.

남자답게 나이 드는 법

안개 바다 위의 방랑자

카스파르 다비드 프리드리히 | 19세기경 | 함부르크 아트센터

『오디세이아』가 준 4가지 선물

—

『오디세이아』는 전사에서 친구로, 정복자에서 연인으로, 본능에
충실한 동물에서 깨우침을 얻은 영적 존재로 변화해 가는 과정을
그린 서사시다. 나이듦의 문턱에서 『오디세이아』를 만난 이후 나는
나이 든다는 것에 대해 많은 생각을 하게 되었다. 그러면서 은연중
'나이 드는 것을 서글픈 일'로 받아들이고 있었음을 깨닫게 되었다.
이것은 비단 나만의 경험은 아니다. 사실 우리 사회가 노화를 바라
보는 시선은 우울 그 자체였다.

그러나 모험을 마친 지금은 소박하지만 평화로운 감정을 접하게
되었다. 나의 경우 첫째, 안도감이다. 마음속에 가두어 두었던 모든
것을 마침내 털어놓고 이야기함으로써 스스로도 믿기지 않을 만큼
후련해졌다. 내가 느끼고 있던 불안감과 두려움이 나만의 것이 아니
라 많은 이가 느끼는 지극히 정상적이라는 사실을 알게 되고 그것
이 성숙의 과정이라는 사실을 깨달은 뒤 찾아온 안도감이다. 안도감
은 고독의 무게를 덜어 준다. 그 결과 일상의 삶이 더 안정적으로 바
뀌고 개인적 성숙의 과제에 더욱 집중하게 된다.

둘째, 새로운 희망이다. 극복할 수 없을 것처럼 느껴지는 문제들
에 직면해 어쩔 줄 몰라 하는 대신 나이듦에 대처하기 위해 스스로
무엇을 해야 하는지 깨닫기 시작했다. 이것만으로도 대단한 성과다.

셋째, 가족에 대해 더 깊이 알게 되었다. 사랑의 에너지가 채워지

남자답게 나이 드는 법

면서 가족과 함께 보내는 시간이 더 즐거워지고 만족스러워지고 뜻 깊어졌다. 삶은 더 생생해지고 활력이 더해지고 진정 살아 있는 것처럼 느껴졌다.

넷째, 나 자신으로 살아가게 되었다. 지극히 당연한 말이지만 가장 어려운 일이 나 자신으로 살아가는 일이다. 성숙한 어른이 된 후에는 속임수, 겉치레, 망설임 따위는 더 이상 없다. 바야흐로 자신에게 용납이라는 가장 큰 선물을 줄 대가 된 것이다.

나이듦을 기꺼이 받아들이기

—

이런 감정의 경험들은 모두 진정한 삶의 변화로 이어진다. 이를 통해 우리는 더 나은 사람이 되고, 더 많은 사랑을 나누며, 더 지혜로워진다. 소외되고 혼란스럽고 우울한 노년에서 여유와 품격을 갖춘 남자가 되었다는 것, 이런 변화가 곧 변신이다.

사람은 누구나 반드시 나이를 덕는다. 그것을 만족스럽게 받아들이지 못한다면 인생에서의 진정한 완성은 기대하기 어려울 것이다. 나이를 먹는다는 사실을 너그럽게 받아들이자.

『오디세이아』 사전

멘토르 [Mentor]

오디세우스보다 나이는 많지만 친구처럼 가깝게 지냈던 인물. 오디세우스가 트로이 전쟁에 참전하면서 아들 텔레마코스의 교육을 멘토르에게 부탁했다. 전쟁이 끝나도 오디세우스가 돌아오지 않자 여신 아테나가 멘토르로 변장하고 텔레마코스가 아버지를 찾도록 돕는다. 이러한 전설로 말미암아 '멘토르'라는 말은 '충실하고 현명한 조언자'의 뜻으로 쓰이게 되었다.

사이렌 [Seiren]

아름다운 여인의 얼굴에 독수리의 몸을 가진 전설의 님프다. 강의 신 아킬로오스가 무사 여신 스테로페와의 사이에서 낳은 딸들로 세 명의 자매들이다. 단수는 '사이렌', 복수는 '세이레네스'라 불린다. 이들은 절묘한 연주와 노래로 뱃사람들을 유혹해 바다에 뛰어들게 해 죽게 만들곤 했다.

사이렌이 목적 달성에 실패한 것은 두 차례로 전해진다. 첫째는 오디세우스다. 그는 사이렌의 유혹을 이겨 내기 위하여 부하들에게 자신의 몸을 돛대에 묶게 한 다음 어떤 일이 있어도 그 결박을 풀지 말도록 지시했다. 사이렌의 고혹적인 노랫소리가 들려오자 오디세우스는 결박을 풀려고 몸부림쳤다. 귀마개를 쓴 부하들은 오디세우스의 명령에 순종해 그를 더욱 단단히 결박했다. 결국 사이렌의 노랫소리는 점점 약해졌고, 마침내 오디세우스는 사이렌의 유혹을 벗어나 섬을 무사히 통과할 수 있었다.

둘째는 뛰어난 음악가이자 시인인 오르페우스다. 오르페우스는 황금 양털을 찾기 위해 아르고라는 배를 타고 항해하던 중 사이렌의 노래를 듣게 되었는데, 그는 사이렌보다 더 아름다운 노래를 불러 맞대응을 했다. 이에 심한 모욕감을 느낀 사이렌이 바다에 몸을 던져 바위가 되어 버렸다고 전해진다. 사이렌은 누군가 자신의 유혹에 넘어오지 않으면 자살하는 것이 원칙이었다.

스틱스 강 [Styx River]

그리스 신화에서 지상과 저승의 경계를 이르는 강이다. 산 자와 죽은 자의 경계를 가진 강인만큼 많은 의미가 부여되었다. 먼저 스틱스 강에 대고 맹세를 하면 설령 제우스라 할지라도 결코 이 맹세를 어겨서는 안 되었다. 만약 맹세를 깨트릴 경우 1년 동안 목소리를 낼 수 없었고 9년 동안 신들의 회의에 참석하지 못했던 것으로 전해진다. 한편 스틱스 강에 몸을 담그는 어는 불멸을 선사받았다. 대표적인 이가 아킬레우스다. 그는 어렸을 때 그 강에 몸을 담가 불멸의 힘을 얻게 되었다.

아킬레우스 [Achilleus]

『일리아스』의 중심인물로 바다의 여신 테티스와 펠데우스 왕의 아들이다. 테티스는 갓난아기인 아킬레우스를 자신과 같은 불멸의 존재로 만들고 싶은 마음에 그의 몸을 저승세계에 있는 스틱스 강에 담갔다. 그러나 테티스가 아킬레우스의 발꿈치를 잡고 강물에 담갔기 때문에 신체 부위 중에서 유일하게 발꿈치가 그의 약점이 되었다. '아킬레스건'이라는 말은 여기서 유래한다.

한편 아킬레우스의 부모는 사랑하는 아들이 트로이 전쟁에 참전하지 않게 하기 위해 그를 여자로 위장시켜 스키로스 왕의 딸들 틈에 숨겼는데, 그가 없이는 트로이를 함락시킬 수 없다는 예언을 듣고 찾아 온 오디세우스에게 발견되었다. 이때 오디세우스가 여자아이들이 좋아할 물건들 속에 몰래 무기를 섞어 놓았는데, 사내아이인 아킬레우스만 무기를 집음으로써 정체가 드러났던 것이다.

그는 트로이 전쟁에서 장렬하게 싸우다가 전사했는데, 바로 파리스가 쏜 화살이 정확히 발꿈치를 맞혔기 때문이었다.

아테나 [Adthena]

'전쟁의 신'이었지만 전쟁을 싫어했다. 그녀의 상징이라 할 수 있는 갑옷과 창도 평상시에는 제우스에게 맡겨 두었다가 어쩔 수 없이 싸워야 할 때 돌려받았다고 한다. 하지만 일단 전쟁터에 나가면 위대한 전사로 돌변해 결코 물러서는 일 없이 용감하게 싸웠다. 그녀는 적에게는 두려움의 대상이었지만 자기편에게는 신뢰받는 전사였다. 또한 아테나는 인간들에게 대단히 호의적이어서 신과 인간 사이에 문제가 발생하면 가능한 한 인간 쪽에 서서 중재하는 일도 마다하지 않았다. 오디세우스에게도 무척 친절해 그가 고향으로 무사히 돌아갈 수 있도록 최대한 도왔다. 오디세우스의 배가 난파되어 오기기아 섬에 머무르며 칼립소와 7년 동안 지내게 되자 보다 못한 아테나는 제우스에게 간청하여 칼립소가 오디세우스를 풀어

주도록 한다. 오디세우스의 아들 텔레마코스가 아버지의 행방을 알아낼 수 있도록 오디세우스의 친구로 변신하여 네스토르를 찾아가는 여행을 도와주기도 한다. 오디세우스가 구혼자들과 결투를 벌일 때에도 아테나의 중재로 양측은 싸움을 중단하게 된다.

아프로디테 [Aphrodite]

미와 사랑의 여신이다. 이름에 걸맞게 그녀는 매우 아름다웠다. 또한 그녀는 미모에 대한 평가에 매우 민감해서 '가장 아름다운 여신'이라는 자부심이 훼손되면 엄청난 질투를 퍼부었다고 한다. 아이로니컬하게도, 그녀는 훗날 절름발이에 볼품없는 외모를 가진 헤파이스토스와 결혼한다. 여기에는 사연이 있다. 대장장이의 신 헤파이스토스는 손재주가 뛰어나 다양한 무기를 발명했는데, 그중에는 번개도 있었다. 당시 제우스는 티탄족을 무찌를 수 있게 해주는 자에게 신들 중 가장 아름다운 아프로디테를 아내로 맞이하는 영광을 주겠다고 약속했는데, 헤파이스토스가 만든 번개로 그는 티탄족들을 섬멸할 수 있었다. 그 대가로 제우스는 아프로디테를 그의 아내로 삼게 해주었다. 하지만 헤파이스토스가 대장간 일을 핑계로 아프로디테와 함께하지 않자 아프로디테는 전쟁의 신 아레스와 밀회를 즐겼다.

에리스 [Eris]

그리스 신화에 나오는 분쟁과 불화의 여신. 밤의 여신 닉

스의 딸이라는 설도 있고 제우스와 헤라의 딸이라는 설도 있다. 싸움을 매우 즐겨 언제 어디서나 분쟁과 불화를 조장했다.

오디세우스 [Odysseus]

고대 그리스 영웅이자 장편 서사시 『오디세이아』의 주인공. 그리스 이오니아 해에 위치한 작은 섬 이타카의 왕으로 라틴명은 울릭세스(Ulyxes) 또는 울리세스(Ulysses)다. 지략과 언변이 매우 뛰어나 '지혜로운 사람의 대명사'로 알려져 있다. 트로이 전쟁에서 거대한 목마 속에 병사들을 숨기는 꾀를 내어 트로이를 함락시킨 인물이기도 하다.

그러나 그의 삶은 결코 순탄하지 않아 숱한 고난을 겪어야 했다. 트로이 전쟁에 참전할 당시에는 사랑하는 아내 페넬로페와 갓 태어난 아들 텔레마코스를 두고 떠나야 하는 현실을 피해 보려고 일부러 미친 척을 했던 것으로 전해진다. 두 명의 전령이 찾아왔을 때 그는 어릿광대 모자를 쓰고 당나귀와 소를 한 쟁기에 맨 채 밭을 갈며 씨앗 대신 소금을 뿌리는 등 제정신이 아닌 것처럼 행동했다고 한다. 하지만 한 전령이 오디세우스 앞에 그의 아들 텔레마코스를 데려다 놓자 어쩔 수 없이 아들을 피해 쟁기를 몰아 정상인임이 밝혀져 트로이 전쟁에 출전하게 되었다.

전쟁에 출전한 후에는 용맹한 장수로 활약했다. 트로이 전쟁의 최고 영웅 아킬레우스가 전사한 뒤 그가 쓰던 갑옷과 투구를 가장 용감한 사람에게 물려주기로 했을 때 오디세우스는 아이아스와 겨뤄 그것들을 차지했다.

『오디세이아』에서 나온 영어 'odyssey'는 오늘 날 경험이 가득한 긴 여정을 뜻하는 명사로 사용된다.

오디세이아 [Odysseia]

서양 문학에 있어서 가장 오래된 서사시 중 하나로, 이후 수많은 문학작품과 명화 등에 심대한 영향을 끼친 불후의 고전이다.

제1~4장까지는 오디세우스가 떠나고 없는 이타카의 모습을 그렸다. 트로이 전쟁이 끝나도 오디세우스는 돌아오지 않는다. 오디세우스가 귀향 도중 죽었다는 소문이 퍼지자 그의 어머니 안티클레이아는 애통해하다 세상을 떠나고 아버지 라에르테스는 시골의 농장에 은둔한다. 오디세우스의 아내 페넬로페와 아들 텔레마코스만이 궁에 남아 그를 애타게 기다린다. 그러나 궁에는 오디세우스 대신 이타카와 페넬로페를 차지하려는 탐욕스런 구혼자들로 넘쳐난다. 결국 텔레마코스는 아테나의 도움을 받아 아버지를 찾아 떠나고, 구혼자들은 그를 죽일 음모를 꾸미게 된다.

제5~12장까지는 오디세우스의 모험이 본격적으로 펼쳐진다. 오디세우스는 고향 이타카로 돌아오기 위해 길을 떠나지만 의도와는 달리 이 섬 저 섬을 떠돌며 모험을 계속한다. 요정 칼립소가 머무는 섬에서는 무려 7년 동안이나 머문다. 제5장은 신들의 도움으로 뗏목을 타고 칼립소의 섬을 떠나는 과정을 그리고 있다. 제6장부터는 오디세우스가 파이아케스 인의 나라 스케리아에 상륙하여 그동안 겪은 모험 이야기를 자세하게 전한다. 키코네스족, 로토파고이족, 키클롭스, 아이올리아 섬, 식인 거인, 키르케, 하데스 방문, 사이렌과의 만남 등이 모두 이 대목에 등장한다.

제13~24권에서는 오디세우스가 마침내 고향에 도착하여 아내 페넬로페의 구혼자들을 응징하고 가족과 재회하는 과정이 자세히 그려진다.

트로이 전쟁이라는 소재로 신과 인간들의 행적을 통해 인간의 근원적 의식을 통찰한 이 서사시는 그리스인들의 정신과 삶에 막대한 영향을 끼쳐 문학, 철학, 미술, 건축 등 그리스 문화의 원천이 되었다.

일리아스 [Ilias]

호메로스가 기원전 850년경 쓴 것으로 전해지는 장편 서사시. 『일리아스』는 트로이의 옛 이름인 '일리온 이야기'라는 뜻으로 트로이 전쟁의 마지막 1년간의 이야기를 담고 있다.

『일리아스』의 주제는 분노인데, 좀 더 구체적으로는 아킬레우스의 분노다. 그리스와 트로이 간의 전쟁이 좀처럼 끝이 나지 않는 상황에서 그리스 군에게 치명적인 사건이 발생한다. 그리스 군에서 가장 용맹한 전사 아킬레우스와 총사령관 아가멤논 사이에 불화가 생긴 것이다. 아폴론 신전의 신관 크리세스의 딸 크리세이스가 그리스 군의 포로로 잡혀온 것이 불화와 분쟁의 발단이 되었다.

크리세이스는 아가멤논에게 자신의 딸을 풀어 줄 것을 간청했다. 그러나 아가멤논은 이를 거절했다. 그러자 크리세이스는 아폴론에게 이 사실을 알리고 그리스 군에게 본때를 보여 달라고 기도했다. 아폴톤 신은 신관의 기도를 들어 전염병으로 그리스 군을 괴롭혔다.

그리스 군은 회의를 소집하고 전염병을 막을 대책을 논의했다. 이 자리에서 아킬레우스는 대담하게도 이 모든 원인이 아가멤논이 크리세이스를 방면하지 않은 데 있다고 주장했다.

아가멤논은 격앙된 어조로 크리세이스를 놓아 줄 테니 대신 브리세이스를 내놓으라고 아킬레우스에게 요구했다. 브리세이스는 전리품을 분배할 때 아킬레우스의 차지가 되었던 트로이의 처녀였다. 전쟁 영웅 아킬레우스는 깊은 모욕감과 분노를 느끼게 되고, 이렇게 하여 장편 서사시 『일리아스』가 탄생하게 된다.

『일리아스』는 '신의 눈이 아닌 인간의 눈'으로 세상을 보기 시작함으로써 인간주의적 접근을 시도한 최초의 작품으로 평가받는다. 유럽 서사시의 모범으로서 라틴 문학을 거쳐 유럽 문학에 큰 영향을 미쳤다

칼립소 [Calypso]

티탄족인 아틀라스의 딸로 칼립소는 '감추는 자'라는 뜻이다. 그녀는 전설의 섬 오기기아에 살았는데, 여러 개의 방이 있는 깊은 동굴에서 주로 생활했다. 동굴에는 잔디가 깔려 있고, 큰 나무들과 샘이 있는 신성한 숲과 접해 있었다. 그곳에서 칼립소는 시녀들과 함께 실을 잣고 베를 짜며 시간을 보냈다. 난파당한 오디세우스를 구해 준 뒤 그녀는 오디세우스와 사랑에 빠져 그를 불사신으로 만들어 평생 곁에 두고자 
노력했지만 끝내 마음을 돌리지 못했다. 결국 그녀는 제우스의 명령으로 오디세우스를 떠나보낸다.

칼 융 [Carl Gustav Jung]

꿈을 통해 무의식을 분석한 심리학의 대가. 무의식을 개인 무의식과 집단 무의식으로 구분하였다. 개인 무의식은 개인의 삶이나 경험에서 생겨나는 것이다. 집단 무의식은 인간이 특징적으로 가지고 있는 요소들의 구성이라고 할 수 있다. 그리고 이 집단 무의식의 내용들을 원형(arche type, 原型)이라고 표현했다. 인생의 단계에 있어 융의 주된 관심사는 '인생 후반기'라고 부르는 성인기였다. 인생의 후반기가

될수록 자신의 내면의 요구에 귀를 기울여야 한다고 강조했다.

키르케 [Kirke]

태양의 신 헬리오스의 딸로 눈이 부실 정도의 외모를
지녔으며 인간을 동물로 바꾸는 마법을 부리는 마녀로
유명하다. 오디세우스의 부하들도 키르케가 사는 섬
에서 동물로 변하는 고초를 겪었다. 이 과정에서 키르
케는 오디세우스를 사랑하게 되어 1년간 섬에서 함께
지냈다. 이후 키르케는 오디세우스가 고향으로 돌아
가는 길에 위험을 피하는 방법을 알려주어 무사히 돌
아가도록 도와주었다. 그로 인해 서양에서는 남자가
여자에게 정신을 빼앗겼을 때 '키르케에게 홀렸다'라
는 표현이 생겨났다. 스킬라를 괴물로 만든 것도 키르
케였다. 키르케는 바다의 신 글라우코스를 두고 스킬
라와 연적관계에 있었다.

테이레시아스 [Teiresias]

신화에 나오는 테베의 예언자로 최초의 양성인간이다. 인간 7대를 살았을 만큼 장
수했으며, 죽어서도 지혜를 잃지 않았다고 한다. 그가 예언 능력을 갖게 된 데는
다음과 같은 이야기가 전해진다.

올림포스 산에서 제우스와 헤라가 다투고 있었다. 다투는 이유는 '성관계를 했을
때 누가 더 쾌락을 얻는가?'였는데 헤라는 남자, 제우스는 여자라고 주장했다. 싸
움이 끝나지 않자 제우스는 남성과 여성을 모두 경험한 테이레시아스에게 물어보
자고 제안하자 헤라는 이에 동의한다. 올림포스 산으로 불려간 테이레시아스는
'남자가 1을 경험할 때 여자는 그것의 열 배는 경험합니다'라고 이야기하여 결국
제우스의 승리로 끝났다. 분노한 헤라는 테이레시아스의 눈을 멀게 하였고, 자기
편을 들어주어 보답을 하고 싶었던 제우스는 예언하는 능력과 장수의 복을 주었다
고 한다. 그 후 테이레시아스는 그리스 전체를 떠돌며 예언을 하였는데, 오이디푸
스의 비밀을 알려준 것도 그였고, 알크메네의 불륜을 알려준 것도 그였다. 그리고
죽은 후 지하세계에서도 오디세우스에게 고향으로 무사히 돌아가는 방법을 알려
주기도 했다.

그밖에도 테이레시아스는 소싯적에 우연히 아테나 여신이 목욕하는 걸 엿본 일이 있었는데, 격분한 아테나가 그를 장님으로 만들면서도 미래를 아는 능력을 부여했다는 전설도 전해진다.

테티스 [Tethys]

바다의 여신. 제우스와 포세이돈이 서로 그녀를 차지하려고 경쟁했으나 테티스에게서 태어나는 아들은 자기 아버지보다 더 강력해지리라는 테미스의 신탁이 내리자 단념했다. 대신에 두 신은 그녀를 인간과 짝지어 주려 애쓰게 되었고, 결국 테티스는 인간 펠레우스와 결혼하여 아킬레우스를 낳았다.

텔레마코스 [Telemachos]

오디세우스와 페넬로페의 아들. 트로이 전쟁이 일어나기 직전에 태어났다. 태어나자마자 아버지 오디세우스는 전쟁터로 나갔으므로 텔레마코스는 아버지의 나이든 친구 멘토르의 가르침을 받으며 자랐다. 오디세우스가 전쟁터에 나가기 전에 연장자인 멘토르에게 집안일과 아들 텔레마코스의 교육을 부탁했기 때문이다.

트로이 전쟁 [Trojan war]

미케네 문명 시대에 해당하는 기원전 13세기경에 소아시아의 도시국가 트로이와 고대 그리스의 국가들이 벌인 전쟁이다. 전쟁의 발단은 불화의 여신 에리스가 남긴 황금 사과를 두고 헤라와 아프로디테, 아테나가 서로 다투다가 트로이 왕자 파리스가 판정을 내려 아프로디테가 주인이 되었다. 그 대가로 파리스는 아프로디테에게서 세상에서 가장 아름다운 여인 헬레네를 아내로 맞이하게 해주겠다는 약속을 얻어낸다. 그 후 파리스는 스파르타의 왕비 헬레네를 납치하게 되고, 스파르타의 왕 메넬라오스는 자신의 형 아가멤논과 함께 트로

이 원정 길에 오름으로써 전쟁이 시작되었다. 그리스 군의 아킬레우스와 오디세우스, 트로이 군의 헥토르와 아이네아스 등 많은 영웅들과 신들이 얽혀 10년 동안이나 계속된 이 전쟁은 오디세우스가 트로이의 목마를 만들어 냄으로써 그리스 군의 승리로 끝났다. 이 전쟁에서 인간뿐 아니라 신들도 두 편으로 갈라져 대립했다. 황금 사과를 얻은 아프로디테와 그의 애인 아레스는 트로이 편이었다. 트로이 사람들은 주로 아폴론 신을 섬겼으므로 아폴론 역시 트로이 편이었다. 반면 황금 사과를 얻지 못한 헤라와 아테네, 아레스를 미워하는 헤파이스토스, 트로이 왕가에 원한이 있었던 포세이돈은 그리스 군을 지지했다.

파리스 [Paris]

트로이 왕 프리아모스와 헤카베의 아들이다. 헤카베가 그를 낳을 무렵 기이한 꿈을 꾸었다. 꿈에서 헤카베가 횃불을 낳았는데 그 불이 트로이 성에 옮겨 붙은 것이다. 아버지 프리아모스가 꿈의 뜻을 확인한 결과 곧 태어날 아이가 트로이의 멸망을 가져올 것이라는 답변과 함께 아이를 낳는 즉시 죽여 없앨 것을 요청받았다. 헤카베는 차마 아이를 죽이지 못하고 산에 버렸으며, 아이는 목동들에게 발견되어 준수하고 용맹한 청년으로 자랐다. 우여곡절 끝에 트로이로 돌아온 그는 자신이 왕의 아들임을 입증했다. 트로이 전쟁에서는 자신의 장기인 궁술을 발휘하여 아킬레우스의 전신에서 유일하게 상처를 입힐 수 있는 부분인 발뒤꿈치에 화살을 쏘아 맞혔다. 그 역시 전쟁에서 그리스 군의 독화살에 맞아 목숨을 잃었다.

페넬로페 [Penelope]

오디세우스의 아내. 스파르타의 이카리오스와 물의 요정 페리보이아 사이에서 태어난 딸이다. 용모도 아름다웠지만 트로이 전쟁에 나간 남편을 20년 동안 기다린 지조 있는 여성으로 알려져 있다. 오디세우스가 전쟁에서 돌아오지 않자 수

많은 구혼자들이 궁으로 몰려들었다. 그들 중 한 명과 결혼하지 않으면 안 될 상황으로 여론이 들끓자 그녀는 시아버지의 수의를 짜기 시작했고, 수의를 다 짜면 구혼자들 중 한 사람을 선택하겠다고 발표했다. 그 후 그녀는 낮에는 베를 짜고 밤이 되면 낮 동안 짠 베를 풀었다. 그로 인해 '페넬로페의 베짜기'는 쉴새없이 하는 데도 끝나지 않는 일을 표현할 때 쓰이게 되었다.

펠레우스 [Peleus]
바다의 여신 테티스의 남편이자 아킬레우스의 아버지다. 트로이 전쟁이 벌어지자 펠레우스는 아들 아킬레우스에게 자신의 무구와 물푸레나무 창 그리고 포세이돈으로부터 받은 말들을 내주었다. 나중에 아킬레우스가 전사했다는 소식이 들려오자 펠레우스는 궁에서 쫓겨나게 된다.

폴리페모스 [Polyphemos]
바다의 신 포세이돈의 아들로 이마에 눈이 하나인 키클롭스족의 우두머리다. 오디세우스에 의해 눈이 멀게 되리라는 신탁이 있었으나 개의치 않았다. 그러나 결국 침입자로부터 한쪽 눈을 잃고 말았는데, 그 침입자가 바로 오디세우스였다. 이를 분하게 여겨 아버지 포세이돈에게 복수해 줄 것을 부탁한 결과, 오디세우스는 귀향길에 낯선 모험을 경험하게 된다.

하데스 [Hades]
죽은 자들의 신. 그리스 신화에 나오는 죽음과 지하세계를 관장하는 신이다. 크로노스와 레아의 아들로 제우스, 포세이돈과는 형제간이다. 그들은 크로노스와 그 일족을 정복한 뒤 제우스는 하늘, 포세이돈은 바다, 하데스는 명계의 지배권을 차지했다. 로마 신화의 플루톤, 디스 파테르, 오르쿠스 등에 해당한다.
하데스는 데메테르와 제우스의 딸 페르세포네를 사랑했는데, 제우스가 결혼을 허락하지 않자 납치하여 자신의 아내로 삼았다. 그녀를 납치하는 과정에서 하데스는 페르세포네에게 석류 한 알을 먹게 했는데, 이후 하데스에 들어와 어떤 음식이라도 먹으면 더 이상 산 자들의 곁으로 되돌아갈 수 없다고 했다. 그래서 페르세포네는 제우스의 반대에도 불구하고 1년의 3분의 1은 하데스 곁에서 보내게 되었다.

헤라 [Hera]

그리스 신화에서 최고의 여신으로 제우스의 누이이자 아내다. 결혼과 가정의 여신으로 숭배 받았다. 남편 제우스와의 사이에서 전쟁 신 아레스, 청춘의 여신 헤베, 출산의 여신 에일레이티이아, 불화의 여신 에리스를 낳았다.

제우스는 여러 인간 여인들이나 님프와 관계를 맺었고, 그때마다 헤라는 남편의 애인들에게 복수했다. 질투가 매우 심해 제우스가 여성과의 동침 없이 혼자서 지혜의 여신 아테나를 낳자 자신도 남성과의 동침 없이 대장장이의 신 헤파이스토스를 낳았다.

호메로스 [Homeros, BC 800 ? ~ BC 750]

고대 그리스의 시인으로 영어식 이름은 호머(Homer)다. 『일리아스』와 『오디세이아』 등 역사에 길이 남을 장편 서사시를 남겼다. 그러나 그가 어디서 태어나 어떻게 살았는지 정확한 기록은 남아 있지 않다. 심지어 그가 실존 인물인지 아니면 서사시 전체를 일컫는 용어인지조차 논란거리다.

호메로스의 활동 시기는 대략 기원전 8세기 말로 추정된다. 또한 『일리아스』와 『오디세이아』가 대체로 이오니아 방언으로 쓰인 점으로 미루어 호메로스를 소아시아 이오니아 지방 출신으로 보는 시각도 있다.

『일리아스』와 『오디세이아』는 구전이 아닌 최초로 기록된 서양 문학이기 때문에 두 책의 작가가 미친 영향은 매우 크다. 두 작품은 "인간이 탐구해 온 인생의 위엄과 쾌락, 죽음 등에 관한 고찰을 담고" 있는 작품으로 평가되며 호메로스 역시 서구의 문학사 전반에 가장 큰 영향을 미친 작가로 추앙받는다.

품은 "인간이 탐구해 온 인생의 위엄과 쾌락, 죽음 등에 관한 고찰을 담고" 있는 작품으로 평가되며 호메로스 역시 서구의 문학사 전반에 가장 큰 영향을 미친 작가로 추앙받는다.

불멸의 고전 『오디세이아』에서 찾은

남자답게 나이 드는 법

초판 1쇄 인쇄 2014년 05월 10일
초판 1쇄 발행 2014년 05월 25일

지은이　　존 C. 로빈슨
옮긴이　　김정민
펴낸이　　김종길
펴낸 곳　　아날로그
책임편집　임현주
편집　　　임현주 이은지 이경숙 홍다휘
디자인　　정현주 박경은
마케팅　　김재룡 박용철
홍보　　　윤수연
관리　　　이현아

출판등록　1998년 12월 30일 제2013-000314호
주소　　　(121-840) 서울시 마포구 양화로 12길 8-6(서교동) 대륭빌딩 4층
전화　　　(02)998-7030　팩스　(02)998-7924
이메일　　geuldam4u@naver.com
페이스북　www.facebook.com/geuldam4u
블로그　　http://blog.naver.com/geuldam4u

ISBN 979-11-952708-0-4 (13100)

책값은 뒤표지에 있습니다.
잘못된 책은 바꾸어 드립니다. 잘못된 책은 구입하신 곳에서 교환해드립니다.

이 도서의 국립중앙도서관 출판시도서목록(CIP)은 e-CIP홈페이지(http://www.nl.go.kr/ecip)와 국가자료공동목록시스템(http://www.nl.go.kr/kolisnet)에서 이용하실 수 있습니다. (CIP 제어번호 : 2014013924)

*이 책에 사용한 작품 중 저작권 허락을 받지 못한 일부 작품에 대해서는 저작권자가 확인되는 대로 계약을 맺고 그에 따른 저작권료를 지불하겠습니다.